현대신서
115

개 인

주체철학에 관한 고찰

알랭 르노

장정아 옮김

東文選

개 인

ALAIN RENAUT

L'individu

Réflexions sur la philosophie du sujet

© 1995, Hatier

This edition was published by arrangement
with Hatier, Paris
through Sibylle Books, Seoul

차 례

서론: 이질적인 근대성
근대인들의 수수께끼 같은 자유

개인이라는 개념은 가장 오래된 철학적 고찰에서도 그 모습을 드러낸다. 이를 입증하기 위해 동원할 수 있는 예들은 매우 다양하다. 참고로 간략하게 살펴보자. 고대 사회에서 키케로는 분할할 수 없는 미립자들, 즉 데모크리토스와 에피쿠로스가 물질 세계의 구성 요소로 여겼던 '원자들' 하나하나를 흔히 '개인(individuum)'이라 부른다. 14세기에 오컴은 아리스토텔레스와 토마스 아퀴나스의 철학 전통에 맞서 우주란 존재하는 유일한 것, 즉 개인들을 가리키는 기호 혹은 '이름'일 뿐이라고 주장한다.

하지만 고대의 원자론(原子論)과 중세의 유명론(唯名論)에서 개인의 가치는 근대 개인에 비견될 정도는 아니다. 근대 개인은 세계에 대한 근대적 이해만이 그 틀을 이루었던 만큼 더 큰 가치를 부여받는다. 다시 말해 근대성이라는 문화적·지적·철학적 장치가 가장 확고한 독창성을 형성함과 동시에, 가장 풀리지 않는 수수께끼들을 낳으면서 등장하는 것은 개인이 원리와 가치로 확립되었기(괜찮다면 개인주의) 때문이다. 이러한 사실은 실제로 자유에 대한 특별한 이해에 탐닉하는 여러 이유가 된다. 근대인들은 르네상스 시대의 휴머니즘 혹은 데카르트 철학에서 비롯되어, 비록 다른 모든 이들 이상으로 자유를 망가뜨리고 배반하는 데 기여했지만 자유를 발명한 천재들이기도 했던 것이다.

1. '새로운 자유'

인간의 자유라는 낯선 표현이 근대성과 함께 자리잡았을 것이라는 확신은 오래 전부터 있었다. 고대인들은 자신들이 시민으로서 자유로움을 알았던 반면, 플라톤도 아리스토텔레스도 인간이 그 자체로 자유로운지는 몰랐다는 사실에 헤겔은 이미 주목하고 있었다: "주체성, 정신의 자율성 그 자체에 대한 무한한 요구는 아테네인들에겐 생소한 것이었다."[1] 하이데거는 근대의 자유를 '새로운 자유'로 표현하고, '주체성으로서의 존재의 전개' '인류의 자율적인 법'이라는 개념에 준거하여 근대의 자유를 묘사함으로써, 그 모든 것이 헤겔에 반대되는 것임에도 불구하고 이러한 주장을 스스로 다시 떠맡게 된다: "새로운 자유에 있어서 인류는 세계 전체를 지배하기 위해 자신의 모든 능력을 자율적으로 확실히 펼치고자 한다."[2]

인류에 대한 이러한 견해가 현대적 사유에서 유지될 수 있는지 그 타당성을 너무 직접적으로 묻지는 말자. 그보다는 자율성이란 용어로 이해된 자유에 대한 이와 같은 주장과 근대성 사이의 지속적 관계 형성이 드러내는 다음 두 가지 물음에 대처해야 한다.

—— 우선 플라톤과 아리스토텔레스에게도 생소한 '새로운 자유'가 그렇게 인류에 대한 새로운 표현을 떠맡으면서 갑자기 나타

나 거기 있는 것은 어떤 이유에서인가? 특히 개인에게 부여된 가치에 있어서 그러한 자유의 출현과 전근대 세계 사이에는 어떤 단절이 존재하는가?

―― 그 다음 자율성이 '단호하게 근대적'이라고 가정할 경우, 하이데거와 헤겔이 시사한 것과 마찬가지로 자율성을 단순히 '근대인들의 자유'와 동일시하는 것은 적절한가? '근대인들의 자유'를 낳았을 방향 전환이 일단 진행되고 나면, '근대'에서 '현대'까지는(철학적으로는 데카르트에서 니체와 그 이후까지는) 그 모든 결과물들을 단 하나의 똑같은 가치로 수렴시키는 것만이 문제가 되었던 것일까?

2. 휴머니즘의 탄생과 자율성의 요구

'자율성(autonomie)'이라는 용어는 그리스의 영향을 받는다. 실제로 자유에 관한 글인데도 자율성(autonomia)을 언급하는 텍스트(데모크리토스, B 264; 플루타르코스, 《루쿠르고스의 일생》, XIII, 47 a; 소포클레스, 《안티고네》, 821과 875; 이소크라테스, 《범아테네제》, 215)가 상당히 많다. 자유(eleutheria)와 자율성, 이 두 용어는 가끔 외부 지배에 굴복하지 않는 어떤 도시국가의 조건을 규정하기 위해 특별히 연결되기도(헤로도토스, I, 95-96, VIII, 140; 크세노폰, 《그리스 역사》, III, 1, 20-21; 데모스테네스, 《왕위에 관하여》, 305) 한다. 그렇다면 도시국가의 시민권을 소유한 이가 그곳에서 '자유롭다'고 선언했던 고전적인 주장에 이의를 제기하기 위해서는 '그리스의 자유'에 관한 복잡한 서류를 다시 열어 보는 방법밖에 없는가?

여기에 좀더 미묘한 결론들을 암시하는 해석 경향이 있다. 그리스에서 '자율성'이라는 개념은 도시국가와 사람 모두에게 이미 적용되었고, 자유를 문제시하는 근대적 모습 또한 그곳에서 찾아볼 수 있다는 것이다. '연속적인' 방향에서 출발한 이러한 경향은, 그리스 문화의 내적 논리가 그때부터 벌써 명백하고도 수용 가능한 자율성의 요구에 자리잡고 있었다고 생각함으로써 강화된다. 그리스 문화가 4세기 동안 민주주의 발전 과정을 통해 아주 특별하게 보여 주었던 것은 자율성의 요구라는 것이다. 그리스의 도시국가들이 계속 '그들의 제도를 재검토했던' 방식, 공동의 삶에서 '자율성의 출현'으로 '규칙들을 변경했던'[3] 방식을 확인하면, 우리는 분명 이러한 경향에 쉽게 경도될 것이다.

물음 전체는 여기서 문제되는 것이 자유에 대한 진정으로 그리스적인 의미의 재발견인지, 아니면 단순히 회고적인 환상인지 검토하는 데서 출발한다. 그것은 내가 단 몇 줄로 심판하고자 할 수 없는, 끝나지 않는 논쟁을 형성한다. 다만 자율성이라는 근대적 가치가 요구하는 명백한 조건들이 어떤 점에서 그리스의 문화와 철학이라는 틀 안에서는 완전히 채워질 수 없었는지, 그 점을 강조하는 것이 바람직해 보인다.

근대 휴머니즘을 구성하게 될, 또 복잡한 여정을 거쳐 원리로서의 개인의 확립에 이르게 될 자율성을 지닌 인류라는 개념과 가치는 실제로 무엇을 전제로 하는가? 이런 관점에서 본질적으로 근대성을 정의하는 것은 아마도 인류가 자신의 행동과 표현의 근원·

토대(주체, subjectum)·주인으로 이해되고 인정되는 방식, 바로 그
것일 게다. 휴머니즘에서 인간은 사물의 본성과 신으로부터 생긴
규범과 규칙을 더 이상 받아들이려 하지 않고, 자신의 이성과 의
지에서 출발해 스스로 규범과 규칙을 확립하려 하는 존재이다. 이
처럼 근대의 자연법은 세계의 초월적이고 내재적인 어떤 질서에
새겨져 있는 '객관' 법이 아니라, 인간 이성(법적 합리주의) 혹은 인
간 의지(법적 의지주의)에 의해 정의되고 만들어진 '주관' 법이 될
것이다. 또한 정치 분야에서 근대 사회들은 계약 양식을 거쳐 충분
히 자동-설립된 것으로 이해될 것이다. 인간이 모든 규범성의 원
리라는 확신을 법에 적용한 근대인들의 법적 휴머니즘은 인간이
법의 주인이며, 이때 법의 토대를 이루는 것은 관련 분야들의 '계
약에 의한' 승인임을 당연시할 것이다. 간단히 사르트르의 표현을
따르면, "인간은 자기 자신이 아닌 다른 입법자를 갖지 않는다."

　그런데 자율성이라는 용어로 자유를 이해하는 것이 그리스인들
이 그들의 자유를 문제시했던 지적·문화적 상황에서 충분히 받
아들여질 수 있었을까? 아리스토텔레스의 법적·정치적 고찰을
참조할 때 우리는 불가피하게 부정적으로 답하게 된다. 통치권의
상속분을 집합적으로 행사한 시민들(그로 인해 자신들의 '자유'를
표명한 이들)이 소유했던 법은, 그 근거를 자율성의 원리에 대한 승
인이(이 경우에 인간은 누구나 법을 공유할 것이다) 아니라 사람의
'일부는 명령하도록, 그 나머지는 복종하도록 만들어진' 조직체에
둔 것이다. 이와 같이 통치권의 근본적인 토대는 인간 스스로 자
신의 규칙에 헌신하고 자신이 인정한 권력에 복종하는 인간 의지
가 아니라, 그 자체로 세계 질서가 되는 사람들의 서열이다. 많은

주석가들이 주목했듯이《니코마코스 윤리학》에서 아리스토텔레스가 덕성의 조건을 검토하면서, 근대인들이 자유로운 행동이라 부르는 것에 대해 진정한 이론을 만들지 않는다고 해서 놀랄 것은 없다. 실제로 그 책에는 우리의 관점에서 자유로운 행동의, 즉 자동 결정할 수 있는 의지의 진정하고도 유일한 토대를 이루는 것에 대한 어떤 확실한 언급도 없다.

근대인들의 자유를 구성하는 선택권이 미래의 절대적 우연성, 불확정, 심지어 그리스의 우주 생성론——아리스토텔레스의 작품은 우주 생성론의 가장 완성도 높은 철학적 주제화들 가운데 하나를 제공한다——이 계속 부인했던 세계의 무질서라는 배경에서만 의미를 가질 수 있는 이상[4] 어떻게 사정이 달라질 수 있겠는가? 그리스의 우주 생성론에서 우주는 스스로로 인한 하나의 질서이며, "인간의 자유는 우연성에 연결된 것이 아니라 반대로 그것에 대립되기"[5] 때문이다. 아리스토텔레스의 놀라운 고찰은 아주 특별하고도 매혹적인 방법으로 이것을 드러낸다. 아리스토텔레스는 우주를 집에 비유하는데, 그때 그 집에 있는 자유로운 사람들은 별들을 상징하게 된다. 사람들에게는 우연에 따라 행동하는 것이 잘 허용되지 않고, 그들의 모든 행동, 적어도 그 대부분은 규제되기 때문이다. 반대로 '행동에 통일성이 드물고 우연에 내맡겨질 때가 대부분인' '노예들과 짐승들은' 우주의 열등한('달 아래의 sublunaires') 부분을 상징한다.(《형이상학》, Λ,1075 a 19-22) 요약하면 "용어의 근대적 의미에서 자유로운 이는 따라서 노예들이다. 그들은 자신들이 무엇을 하게 될지 모르기 때문이다. 반면 그리스인은 자신의 행위가 상당 부분 결정되어 있기 때문에 자유롭고, 그로 인해 그 자유는 완성된다."[6] 이와 같이 적어도 그 원리에 있어서 이미 자동-결정(auto-nomie, 자-율)의 전형으로 받아들여질 수 없게 된 그리스의 자유는 타-율(hétéro-nomie, 이때 법은 외부로부터 강요된다)의 영역에 포함된다는 사실을 인정할 수밖에 없다. 자율성에 대해 더 큰 가치를 부여하는 자유의 표현은 순식간에 윤곽을 그리게 되었고, 그것은 세계 질서에 대한 믿음이 균열을 일으킴으로써 가능해졌던 것이다. 아무튼 그러한 가치 부여가 충분히 확립되기 위해서는 우주의 근원적이고 근본적인 해체가 요구되었다. 갈릴레오 혁명을 거친 근대성만이 그 해체를 완수할 것이다. 확실히 그리스인들은 인류가 "규칙을 둠으로써 자신을 위한 어떤 질서를 창조할 수 있다"[7]고 생각했다. 그렇지만 여기서 자율성의 출현이라는 결론에 이르는 것은 우리가 다음 사실을 빠뜨리고 있다는 뜻이 된다. 즉 그렇게 창조된 질서는 세계 질서에 포함되는 것으로 여겨졌고, 실제로 플라톤과 아리스토텔레스도 그 질서가 세계 질서에 의해 규정된다고 생각했던 것이다.

엄격하게 자동-결정이란 용어로 자유를 표현하게 된 것이 고대 우주가 붕괴됨과 동시에 휴머니즘이 출현함으로써 가능해졌다고 해서, 근대성 전체는 동일한 방법으로 반드시 자율성의 원리 확립이라는 논리에 따라 나타날 것이라고 말해야 하는가? 이런 점에서 우리가 생각했던 것보다 더 까다로운 근대인들에 대한 자료는 계속 연구할 가치가 있다. 실제로 자유의 표현이라는 관점으로 근대성을 동질화하고, 그로 인해 개인의 가치와 근대성과의 잠재적 관계들에 있어서 자율성이란 원리의 향방을 묻지 않는 두 가지 중요한 모습이 있다.

3. 자율성과 주체성

우리는 우선 자율성의 요구라는 이름으로 근대성의 여정 전체를 나타내려고 할 수 있다. 그것은 하이데거가 데카르트에서 니체까지 '주체성의 형이상학'을 이루는 근대 철학을 해체함으로써 걸어간 길이었다. 우리는 그 과정에서 주체라는 절대 권력이 어떻게 네 단계로 펼쳐졌다고 제시되는지, 칸트와 함께 자율성의 요구가 그 가장 완벽한 주제화를 이룬 바 있는 주체가 그 과정에서 어떻게 결정적인 역할을 부여받게 되는지 알고 있다.

1. 데카르트로 인해, 자연은 보이지 않는 힘들에 점령당하는 것이 아니라 있는 그대로의 재료일 뿐이며, 이성(모든 것은 이해될 수 있다)과 의지(현실의 총체성은 자신의 목표 실현을 목적으로 하는 인간에 의해 이용될 수 있다)에 의해 완전히 지배될 수 있다는 생각이 나타난다. 이것은 하이데거가 휴머니즘의 본질 자체를 명확하게 자리매김한, 세계에 대한 인간 중심적 이해를 나타내는 것이다. 이로 인해 모든 것은 인간의 완성을 향한 수단이 된다.

2. 계몽주의 시대와 함께 데카르트적 이성과의 단절이 실현되는 듯하다. 뉴턴 과학은 **선험적인** 물리학 개념에 이의를 제기하고, 과학적 합리성으로 하여금 그 한계를 인식하도록 요구하는 것 같다. 그러나 과학은 과학을 초월하려는 목적에 사용되는 중립적 도구로 계속 나타나고, 그로 인해 인류의 행복과 해방에 관련된 제 가치를 찾는다.

3. 좀더 결정적인 전환이 칸트에게서 시작되는 것으로 제시된

다. 하이데거는 비판철학적 계기의 중요성과 잠재성들을 인식하면서,[8] 근대성에 대한 일차원적 논리에 따라 그 전환을 나타낸다. 칸트에게서 행복의 윤리학에 대한 비판을 거쳐 실제로 나타나는 것은 자율성의 개념이다. 자율적인 것으로 규정된 도덕 의지는 도덕성의 요인인 동시에 원리(최고 가치)인데, 자신이 복종하게 될 법을 정하는 자유로서의 자기 자신 외에는 다른 어떤 것도 필요로 하지 않는다. 여기에서 처음으로 자신을 대상으로 여기는 의지의 모습이 나타난다는 것이다.

4. 따라서 '권력 의지'라는 니체의 이론은 하이데거에 따르면 칸트가 간파했던 것을 급진전시킬 뿐이다. 즉 인간 의지는 어떤 목표를 지향하지 않는다. 다시 말해 자기 자신으로 되돌아가려 하고, 하이데거가 '의지의 의지'라 부른 것이 되려 하고, 권력을 위해 혹은 권력에 의해 권력을 추구하는 것이 되려 한다. 이것은 자율성이라는 개념의 미래가 마무리되는 근대 휴머니즘의 최후의 모습이며, 이러한 미래 세계는 따라서 기술(technique)이, 달리 표현하면 더 이상 다른 목표를 정하지 않고 의지를(혹은 권력을) 목표 자체로 삼는 단순한 도구적 이성이 된다.

이러한 해체가 갖는 의미는 명료하다. 하이데거에 따르면, 데카르트와 계몽주의 시대의 이성은 단순한 급진화로 인해 주체(토대)로서의 인간의 근대적 확립이 가장 완벽하게 실현되는 의지의 의지에 논리적으로 이르게 될 뿐이다. 이런 의미에서 자율성의 원리에 대한 칸트 철학의 명시는 그 대가가 무엇이든간에, 자신의 권리 강화에만 전념하는 기술공학의 승리에 찬 도약으로 마무리되는 단 하나의 운명적인 흐름에 포함될 뿐이다. 따라서 세계의 기술화가 낳은 가장 비정상적인 형태들에서까지 문제가 되는 것은 자율성을 향한 주체의 사명이 나타내는, 근대적인 것의 본질 자체임을 인정할 수밖에 없다. 이런 상황에서는 우리가 또 다른 근대성의 모습을 문제시할 수 없다. 오히려 모든 것은 근대성의 본질을 가장 잘 나타내는 자율성이라는 가치의 총체적 희생을 필두로 근대성과 그 가치들의 총체적 희생에 이르게 될 것이다.

그러한 희생의 정치적 결과물들이 특히 자동 결정과 민주주의 사이의 긴밀한 관계를 고려할 때 위험해 보이는 이유를 강조할 필요가 있을까? 근대성에 대한 이러한 동질화의 논리에 따라 1935년 하이데거의 강의에서 비롯된 《형이상학 입문》은 기술의 전세계적 점령으로 표면화되는 '세계의 정신적 쇠퇴'를 강조한다.[9] 동서 대립을 거론하면서 하이데거는 유럽이 처한 곤경을 묘사한다: "러시아와 미국은 완전히 둘이지만, 형이상학적 관점에서 보면 하나이다. 맹위를 떨치는 기술과 규격화된 인간의 뿌리 없는 조직에 대한, 똑같이 위험한 열광."

서구 민주주의와 스탈린 체제 사이에 본래적인 차이가 있을 것이라는 생각을 단순히 무효화시킴으로써 우리를 당황하게 만드는 이 텍스트는, 가치로서의 개인의 민주적 확립이 예를 들면 인간의 권리 선언을 거쳐 소련의 전체주의 같은 성질의 미래가 될 것이라고 은연중에 암시한다. 그렇지만 근대성에 대한 이와 같은 해체의 틀 속에서 어떻게 사정이 달라지겠는가? 하이데거의 관점에서는 니체에 반대되는 데카르트 혹은 칸트가 재연될 수 없는 것과 마찬가지로, 동유럽의 집산주의에 대항하여 서방의 자유민주주의를 선택해야 할, 혹은 그 반대로 선택해야 할 최소의 이유도 없다. 하이데거는 이 두 체제를 기술의 시대에 나타나는 근대성의 정치적 두 얼굴로, 주체성의 지배가 정치적으로 채택한 두 가지 형태로만 본 것이다. 증거를 들자면: "자신의 무상성에 이르고 자신의 임의 속에 자유롭게 놓여진 **자아** 혹은 사회 속의 **우리**가 되기를 원하고, 또 되어야 하는지 검토하는 다급한 질문을 연속적으로 던져야만 하는 것은, 주목할 만한 본질적인 방법으로 인간이 주체가 되었기 때문이며, 인간이 주체가 되었다는 점에서 그렇다."[10]

달리 말하면 자유주의 사회의 개인도 동유럽에서 개인과 대립하는 집단의 힘도 근대성의 시대에 나타난 주체성의 모습들이며, 따라서 세계의 기술화가 초래할 결과들에 대한 어떤 대책도 기대할 수 없다. 이곳은 (러시아와 미국을 단순히 '맹위를 떨치는 기술'의 두 얼굴로 여기며 동일시함으로써 30년대부터 출현한) 이 주제들이, 이러한 철학을 바탕으로 어떻게 독일 국가사회주의가 시도한 '보수적 혁명'의 주된 양상들과 다시 만날 수 있었는지를 지적하는 자리가 아니다.[11] 다만 우리는 근대성에 대한 이러한 동질화된 이해가 만장일치로 전제된 주체형이상학의 군림을 위해 개인의 확립을 도외시함으로써 오늘날 가장 큰 불신을 야기할 수도 있음을 인정하게 될 것이다.

그렇다고 해서 하이데거와 거리를 유지해야 했던 철학적 고찰이 근대성을 동질화하려는 시도에서, 다시 말해 개인에 대해 문제를 제기하지 않을 위험에서 벗어난 것은 아니었다. 확실히 덜 걱정스럽기는 하지만, 우리가 조심하지 않으면 자율적 의지로서의 자유 개념에 새겨져 있는 어떤 심오한 긴장을 없애 버릴지도 모르는, 또 다른 형태의 동질화가 존재한다.

4. 개인주의 패러다임

최근 우리 지성사에서 마르크스주의의 후퇴는 새로운 패러다임에 따라 근대성 전체 논리를 재해석하는 가능성을 열었다. 공동체의 관점에서 증폭되던 소외라는 용어로 사회·문화적 현상들을 이해하도록 했던 것과는 아주 다른 새로운 패러다임은, 영미에서 벨·라쉬·세넷·트릴링의 작업을 통해 이미 깊이 있게 진전되었다.[12] 프랑스에서는 아롱이 처음으로 60년대부터 마르크스에서 비롯된 전통을 비판하면서 토크빌의 사회학과 정치철학을 재평가했다.[13] 그러나 자본주의적 생산 양식의 전개에서 출발하지 않고, 타고난 계급과 전통의 영향력에 맞서는 개인 해방의 역동성에 따라 근대성의 역사를 해석하는 신토크빌주의의 진정한 도약에 참여하기 위해서는 마르크스주의의 위기가 더욱 깊어져 80년대에 들어 완전히 붕괴될 때까지 기다려야만 했다. 하지만 소외의 논리를 개인 해방의 논리로 이끌어 가는 그러한 해설적 패러다임의 변화는, 토크빌 스스로도 예고했듯이 개인의 확립이 독재 정치의 새로운 형태들과 공존할 수 있는 가능성을 배제하지는 않았다. 아무튼 프랑스에서 토크빌주의 패러다임을 표방하는 인류학자들·역사가들·철학자들·사회학자들의 일부를 생각해 보면, 뒤몽·퓌레·고세·리포베츠키·로장발롱·에렌베르크 같은 다양한 작가들과 그외 많은 이들이 오늘날 저마다 독특하게, 개인이 자기 자신 외에 그 어떤 다른 것에도 복종하려 들지 않는 사회를 전통 사회에 대립시키면서 근대성을 이해하는 것은 변함없는 사실이다.[14]

이러한 개인주의 패러다임 앞에서 그 지적 풍요로움을 부인할 생각은 없지만, 적어도 그 패러다임을 가장 성급히 사용한 몇몇 경우 근대적인 것의 복합성을 외면하는 새로운 경향으로 이어진 사실에 대해 나는 몇 년 전부터 우려하고 있었다.[15] 1983년 뒤몽이 근대성에 대한 '개인주의적인' 이해라는 점에서 창립자(적어도 '재창립자')의 관점으로 개인을 근대 세계 최고의 가치로 만들 때, 그것은 개인을 계속 '독립적이고 자율적인, 그 결과 본질적으로 비사회적인' 존재로 나타냄으로써 가능해진다. 리포베츠키는 아주 행복하게 신토크빌주의 패러다임의 연속선상에서 '근대의 문화적 가치들의 논리'를 모색하면서, 1987년 대체 가능한 방법으로 자신이 분석하던 사회 움직임들의 특징을 '개인적인 자율성의 요구' '독립성이라는 성향의 폭발'로 정의한다. 1995년 에렌베르크는 80년대의 자신만만하고 쾌락주의적인 단계에서보다는 한결 낙담하고 '불확실한' 90년대 개인주의의 특징을 적절히 명시하려고 애쓰면서, 그 '새로운' 개인주의가 '자율성이라는 규범의 증대'로 규정된다는 사실을 강조하지만, 이와 동시에 '개인성의 해방'과 '주체성의 확대'라는 용어로 묘사한 바 있는 '현대의 민주적 경험'의 한 양상을 그 개인주의에서 본다. 힘든 점은 현대 개인주의에 대한 이와 같은 다양한 분석을 통해 명백하게, 혹은 그렇지 않게 동일한 것으로 여겨지는 여러 개념과 가치를 검토하는 일이다. 자율성/독립성, 주체/개인은 그 정도로 서로를 대체하고 있는 것이다. '사회를 조직하는 범주로서의 개인의 강림'(로장발롱)을 근대성의 유일한 쟁점으로 여길 정도로 독립성의 가치와 자율성의 가치, 개인의 원리와 주체의 원리를 구분도 미묘한 차이도 없이 포개 놓음으로써, 우리는 자율성이라는 어휘를 통해 자유 개념을 주제화했던 근대 철학의 엄격한 방법과는 너무 동떨어진 어떤 불명확한 개념을 스스로에게 부여하는 건 아닐까?

이 책에서 내가 다시 제기하고자 하는 이러한 물음들은 확실한 철학적 기반을 가지고 있으며, 개념적 차별화를 가져올 것이다. 그 개념적 차별화는 가치들의 대립을 촉구하므로 이 물음들은 또한 실천적인, 아주 특이하게도 정치적인 영향력을 가진다. 민주주의의 근대적 가치들 주위에서 정적들이 정치적으로 대화합했던 시기에 나는 이와 같이 생산되거나 시도된 불분명함이 반드시 덕목인 것은 아니며, (근대의) 진정으로 민주적인 문화가 존재할 수 있는지 또 존재할 것인지 검토하는 물음을 다시 던져야 한다고 확신한 바 있다. 나는 그러한 물음을 통해 문화의 민주화(이것은 지역 도서관의 수, 혹은 대학 입학 조건 규정으로 조절된다) 및 문화의 소위 **민주적** 결정에 대해 질문하려는 것은 아니다. 누구나 전통과 계급이라는 원리와 가치로 경도된 귀족주의 문화를 별 어려움 없이 확실하게 알아보는 반면, 우리가 민주주의 문화의 원리와 가치를 더 이상 구별해 내지 않을까 봐 나는 두렵다. 민주주의 문화는 규범과 규칙을 설립하는 동시에 인간과 인간의 관계에서 어떤 것을 발견해야 함을 우리는 깨닫게 될 것이다. 그렇지만 어떤 상황에서는 인간과 인간의 관계가 규범과 규칙의 생산자일 수 있다는 사실은 풀어야 할 수수께끼로 남아 있다. 대부분 전형적인 의미에서 비극적인 물음으로 된 수수께끼, 그것은 내가 이제 몇 개의 표지등을 켜고 싶은 활주로이다. 나는 오이디푸스에게 수수께끼로 던져졌던 물음, 결국 다음과 같은 질문이었던 물음을 원한다. 인간은 누구인가?

I

개인의 출현
민주주의 사회의 역동성

민주주의 문화에 대한 가장 적합한 규정을 찾는 가장 빠른 길은, 토크빌과 근대성에 대한 그의 분석에서 다시 출발하는 일인 것 같다. 앙시앵 레짐[프랑스 혁명 이전 체제]과의 느리고도 힘든 단절을 분석한, 그의 근대성에 대한 분석은 민주화의 역동성이 어떻게 원리와 가치로서의 개인의 확립과 동일시될 수 있는지 보여 준다. 이를 통해 토크빌은 근대 개인주의를 명명한 선구자들 중 한 사람으로 규정된다.[16]

토크빌은 다음 두 가지 주요 특성이 근대 개인주의를 특징짓고, 근대 개인주의는 프랑스 혁명을 통해 그 가장 놀라운 정치적 표현을 찾았다고 생각한다. 개인주의는 우선 평등이라는 이름으로 계급에 맞선 개인들의 혁명으로 표출된다.

1. 계급에 맞선 평등

이 첫번째 측면에서 개인주의는 용어의 법적 의미로 볼 때 토크빌이 **민주주의**라는 이름으로 나타낸 조건의 평등화 과정과 뒤섞인다. 개인주의는 프랑스 인권 선언에서, 앙시앵 레짐의 계급 구조를 만들어 냈던 특권들이 화려하게 제거된 그 유명한 '1789년 8월 4일의 밤'에서 더한층 명확한 상징을 찾은 것이다.

민주주의에 대한 토크빌의 분석은 많은 점에서 콩스탕의 고대와 근대의 구분을 잇는다. 이러한 토크빌의 분석이 프랑스 혁명을 지나 근대성의 역사를 규정하게 될 다양한 사회 움직임들을 해석하는 데 아주 귀중한 일반적 틀을 제공하는 것은 이 첫번째 측면 덕분이다. 사회 움직임들이 사회주의, 심지어 공산주의를 표방할 때조차 조건의 평등화를 목표로 하는 그 움직임들은 역설적이게도 혁명적 개인주의의 이 차원을 심화시킨 것이다. 예를 들면 사회주의의 영향하에 조건의 실질적 평등을 고려한 요구가 피상적이거나 추상적인 것으로 판명된, 단순한 법적인 평등의 요구에 이어 나타났을 때도 마찬가지였다. '형식적인'에서 '실질적인' 혹은 '실체적인'으로의 이동, 그것은 확실히 자유개인주의와 부르주아 시민 사회에 대한 비판을 동반할 수 있지만, 계급 세계에 대한 비판으로서 근대 개인주의와 같은 논리로 지탱될 것이다.

확실히 우리가 겨냥하는 것은 더 이상 앙시앵 레짐의 계급(즉 몇몇 사회 계층에 본래부터 내재해 있는 것으로 전제된 특권들)이 아니라 새로운 계급, 다시 말해 사회적·경제적 불평등이 새로 만들어 낼 계급이다. 그렇다고 해도 이들 움직임에 정당성과 동기를 부여하는 것은 여전히 반계급적인 개인주의의 요구이다. 마찬가지로 개인주의가 회사·정당·대학에서 '관료주의'에 맞서 행사될 때, 그것은 여기서 평등의 군림, 고정되고 정착된 계급 제도의 붕괴로 다시 이해된 '민주주의'의 요구라는 이름으로 행해질 것이다.

그렇지만 토크빌에 따르면, 이 혁명 정신 속에 가장 잘 표현된 것은 첫번째만큼이나 중요한 민주적 개인주의의 두번째 요소이다. 개인의 입장에서 그것은 자유라는 이름으로, 적어도 자유에 대한 어떤 개념이라는 이름으로 전통을 고발하는 데 있다.

2. 전통에 맞선 자유

뒤몽은 자신의 비교인류학 저서에서 다음을 강조한다: 원시 사회 혹은 중세 사회와 관련된 전통 사회들을 특징짓는 것은 타율성이다. 이들 사회에서는 개인이 전통을 선택하는 것도, 자신의 의지를 기반으로 전통을 세우는 것도 아닌 채 전통이 개인에게 강요된다는 점을 이해하자. 전통은 개인에게, 인간이 자연 법칙을 따르듯 복종해야 하는 근원적 초월의 형태로 외부에서 강요된다. 그 결과 인간 실존이 줄곧 자리하는 곳은 전통에 대한 **종속성** 아래이다.

이와는 대조적으로 민주주의의 근대적 역동성은 전통적 내용물들이 점진적으로 쇠퇴하는 역동성이 될 것이다. 전통적 내용물들을 서서히 마모시키는 것은, 프랑스 혁명을 통해 아주 강렬하게 등장한 자동-설립이라는 개념이다. 사회계약론을 물려받은 민주주의는 인간 의지를 기초로 법을 제정하여, 전통의 권한에서 법을 가능한 한 벗어나게 하는 원리로 성립되는 것이다. 이러한 과정을 거쳐 프랑스 혁명은 맹신들, 혹은 계몽철학이 전통 전체를 폄하하며 불렀던 '편견들'에 대한 비판의 계승자가 되었다.

앞에서 전개된 것과 유사한 고찰이 여기서도 형성될 수 있다. 프랑스 혁명이 모든 계급을 없애지 못했던 것, 심지어 다른 계급들('부르주아 사회'의 계급들)을 태어나게 했던 것과 마찬가지로, 앙시앵 레짐이었던 전통 세계의 소멸은 모든 전통의 즉각적이고 직접적인 소멸에는 이르지 못했음이 틀림없다. 오히려 전통의 해체는 민주주의 사회의 점진적 논리(이것은 앞단락에서 사용한 '점진적 쇠퇴(érosion)'라는 단어로 암시된다)에 상응하는 것으로 이해되어야 한다. 따라서 (이 두번째 측면에서 전통을 해방하는 뿌리뽑기로 이해된) 개인주의로 사회 움직임들을 분석하는 일은 현대 사회에서까지도 정당하게 추구될 수 있을 것이다. 현대 사회에서 특히 다양한 전위 운동은 미학적 측면과 정치적 측면에서 개인의 자유라는 이름으로, 다시 말해 개인의 창의성이나 창의성의 개화라는 이름으로, 물려받고 미리 판단된 모든 것을 비판하는 모습으로 나타날 것이다.[17] 근대 사회의 가장 독특한 특징들 중 하나를 이루는 것은 개인주의의 이 두번째 요소임을 다시 덧붙여야 한다. 근대 사회의 특징들은 과거에서 비롯되어 세대를 거쳐 '전달된' 지표들의 연속적인 붕괴를 통해 형성된다. 과거의 지표들(전통은 이 지표들의 전달로 이루어진다)은 규범을 더 이상 받아들이지 않고, 자기 스스로 만드는 근대 개인을 부추기려는 계획에 비례하여 당연히 점진적으로 쇠퇴하는 것이다. 물려받은 지표들의 연속적인 붕괴는 지표들의 영원한 개혁과 같은 의미가 된다.

계급에 맞선 평등, 전통에 맞선 자유라는 주제가 근대성의 차원에서 '민주주의 시대'에 대한, 특히 오늘날 우리 세계에 대한 적당한 성격 규정임을 우리는 분명 별 어려움 없이 받아들일 것이다. 이 주제들을 통해 개인은 가치로서, 그리고 원리로서 그 존재를 동시에 뚜렷이 드러낸다.

—— 가치로서, 평등의 논리로 볼 때 사람은 누구나 똑같은 가치를 지닌다. 따라서 투표권의 보편화는 이러한 가치의 가장 완벽한 정치적 해석이 될 것이다.

—— 원리로서, 자유의 논리로 볼 때 인간만이 자신을 위한 자신의 규범과 규칙의 근원일 수 있다. 따라서 전통의 타율성에 맞서 근대인들의 법적·윤리적·정치적 규범성이 출현하는 것은 바로 자율성의 체제로 인해서일 것이다.

개인주의의 역동성에 대한 토크빌의 분석은 다음 측면을 통해 풍부해진다. 나는 근대화의 의미에 대한 그의 관점을 빌려, 개인이 원리와 가치로 출현한 사회에서 왜 어떤 문제는 특별히 더 첨예하고 위급한 것이 되는지 좀더 쉽게 알려 줄 수 있기를 바란다.

3. 문제가 된 문화

토크빌의 독자라면 누구나 알고 있듯이, 그의 분석은 무엇보다 사회의 미립자화라 부를 만한 개인주의의 역동성, 그 결과들 중 하나를 강조했다. 어느 누구도 《미국의 민주주의》[18]의 다음 구절을 잊지 않았을 것이다: "개인주의는 민주주의를 그 기원으로 하고, 조건이 평등해짐에 따라 확산된다. [⋯] 조건이 평등해짐에 따라 자신의 동료에게 지대한 영향력을 행사할 만큼의 부귀와 권력은 없지만 스스로 만족할 만한 지식과 재산을 충분히 확보한 개인의 수는 증가한다. 개인은 어느 누구에게 아무것도 빚지지 않는다. 개인은 언제나 홀로 자신을 바라보는 데 익숙하고, 자신의 운명이 자기 손안에 있다고 기꺼이 생각한다. 이와 같이 민주주의는 모든 인간으로 하여금 조상을 잊게 할 뿐만 아니라 후손에게 무관심하며, 동시대인과 고립되도록 한다. 민주주의는 인간을 자기 자신에게만 매달리도록 하여, 마침내 인간을 완전한 고독 속에 가두어 버릴 위험을 안고 있다."

오늘날 개인주의가 안고 있는 문제점을 파악하기 위해 위 텍스트의 영향력을 강조할 수 있다. 하지만 그 전에 일부 해석이 흔히 초래하는 어떤 경멸을 예방해야 한다. 우리가 《미국의 민주주의》를 보면서, 민주적 개인주의에 대면한 토크빌의 망설임을 자신이 몸담고 있던 세계의 가치가 사라지는 현실 앞에서 한 귀족이 경험했을 수도 있는 반사적 혐오감으로 이끌고 가는 것은 옳지 않을 것이다. 그 스스로도 강조하듯이 그는 분명 귀족 제도를 찬양한다. 그러나 그 이유는 귀족 제도가, 그가 생각하기에 민주적 평등화가 없애 버리는 영광과 위대함의 원리를 근거로 했기 때문만은 아니다. 그의 찬양, 심지어 그의 향수는 무엇보다도 그가 보기에 귀족 제도가 '개개의 인간과 그 동지들을 긴밀히 연결시켰다는' 점에 뿌리를 두고 있다. 간단히 말해 물려받은 '전통적' 가치들과 타고난 계급들은 사회적 구속의 원리를 효과적으로 형성했다. 그렇다고 해서 일단 시동이 걸려 개인의 출현에까지 이른 개인주의의 역동성을 놓고 토크빌이 어떠한 **복원**을 외칠 수는 없는 문제다. 반복하지만 그의 입장이 어떤 복원을 외친 것이라 여긴다면, 심각한 경멸은 따라올 것이다.

토크빌의 사유는 완전히 다른 것이다. 앙시앵 레짐의 세계는 완전하게 존재했다. 왜냐하면 계급은 있지만 공동체적인——뒤몽의 언어로는 전체론의——세계였기 때문이다. 달리 말하면 그 체제에서 개인은 단체의 일부로만 존재했고, 여러 단체들은 중앙국가에 맞서는 진정한 반-세력을 형성했으며(토크빌에겐 소중한 개념이다), 따라서 중앙국가의 법적 절대성은 사실상 제한됐다. 결국 토크빌이 민주주의가 안고 있는 위험들을 생각한 것은 (앙시앵 레짐의 향수에 젖어서가 아니라) 무엇보다 국가의 한계선을 정하는 데 고심하는 자유주의자로서, 오늘날에도 여전히 타당성을 지니는 다음과 같은 물음을 던지는 자유주의자로서이다. 민주주의인, 따라서 개인주의인 세계 한가운데에서 사회 조직의 와해에 대한 안전장치들, 국가에 대항할 수 있는 반-세력들을 어떻게 찾을 것인가?

　지금까지 단순히 묘사한 개인주의라는 주제는 이런 물음들을 통해 진정으로 문제시된다. 우리가 윤곽을 잡는 데 그칠, 아주 잘 알려진 다음 관점에서 근대 사회는 잠정적으로 치명적인 위험을 안고 있다고 토크빌은 생각한다. 고대의 사회적 구속인 (전통적이고 계급적인) 두 원리는 평등과 자유의 역동성에 따라 서서히 마모되고, 개인의 출현은 사실상 집단의 분열로 끝나 사회 조직의 고리들이 해체되듯이 서로서로 고립된 개인들은 제각각 하나의 '수호국가'에 직면해, 그것에 어떤 저항도 할 수 없는 상황에 이를 위험이 있다. 이것은 개인주의라는 이름을 가질 만한 사회의 실존 자체에 잠정적으로 치명적인 위험, 그러나 또한 제어될 수 있는 위험이다. 토크빌은 자신이 《미국의 민주주의》에서 그토록 찬사를 보낸 결사(結社) 체제가 민주적 개인주의의 위험들에 한 가지 답을 제공하는, 다시 말해 개인과 국가 사이의 중재를 복원할 수 있는 최

선의 방법이라고 생각했던 것이다.

사회의 근대적 분열에 대한 이러한 고찰을 거치면서도 토크빌은 결코 전통 사회로의 후퇴를 고려하지 않는다. 따라서 반근대·반민주적으로 그의 작품을 이용하는 것은 심각한 횡령 행위가 된다. 민주주의 사회가 본질적으로 겪게 되는 (가능한 그러나 숙명적이지 않은) 변화가 일단 일어나면, 토크빌의 질문은 오히려 그 변화에 맞설 수 있는 안전 장치를 대상으로 한다. 간단히 말해 문제가 되는 것은 개인주의 사회에 내재해 있는 이유들로 인해 다른 이들과의 단절이 더욱 깊어지려는 경향이 있을지라도, 그리하여 공동 세계의 실존 자체가 위협받게 될지라도 전통적인 사회적 구속의 민주적 쇠퇴 이후에 그 자리를 대신할 수 있는 것이 무엇인지를 자문하는 일이다.

이러한 문제 제기를 거치면서 충분히 고귀한, 때때로 감지하기 어려운 변화가 토크빌의 분석에서 일어나고 있음을 주목해야 한다. (조건의 민주적 평등화라는 지평에서 이해된) 개인주의 개념은, 근대 사회의 어떤 현상들을 비난하는 데 사용할 수 있는 비판적 범주에 그 자리를 양보한다. 사적인 영역을 향한 개인의 침잠, 행복과 소비에 대한 숭배 등 토크빌의 분석 대상이 된 사회 현상들은, 역설적이게도 부르주아 시민 사회를 구성하는 이기적 개인을 언급할 때의 마르크스의 해석망에서 그다지 벗어나지 않는다. 이 두 경우 모두에서 근대 개인주의는 인류의 단자적 형태를 출현시켰다는 이유로 비난받는다. 단자적 형태의 인류라는 관점에서 보면, 공동체로의 소속을 결정하는 다른 사람과의 상호 행위는 자신의 자동-확립과 아무 관계도 없는 것이다. 그렇지만 민주적 개인주의

가 펼쳐지는 사회·문화에 대해 문제를 제기할 수 있는 것은, 이
러한 변화가 개인주의의 역동성 그 자체에서 일어났기 때문이다.

　우리는 토크빌의 분석이 보여 주는 비판적 차원을 현대로까지
연장하는 데 어떤 어려움도 느끼지 않을 것이다. 실제로 어떻게
사회 분열의 잠재적 과정이 아주 특별하게 상대주의라는 형태로
현실화되었는지, 우리는 정확하게 보여 줄 수도 있을 것이다. 여
러 전통과 과거로부터 물려받은 모든 지표들의 연속적인 쇠퇴에
힘입어 모습을 드러내는 것은, 이전 사회들에는 비교 대상조차 없
는 낯선 문화이기 때문이다. 그 양상을 살펴보자.

　── 한편에서는 본질적으로 문화 개념에 연결된 듯한 유산(遺
産)이라는 개념과, 우리가 그 가치들을 받아들이고 '발전시키는'
과거에의 충직함이라는 관점은 특이하게도 현재와 새로움을 찬양
하기 위해 줄어드는 것 같다.

　── 다른 한편에서는 개인주의 사회의 분열되고 개별화되는 논
리에 따라 (함께-있음의 양태인) 문화의 구성 요소이며 개인보다
우월한 공동의 가치들과 지표들, 그것에 대한 승인과 공유는 함께
는 아니지만 적어도 나란히 존재하는 새로운 방식을 위해 서서히
가치를 잃는 것 같다. 어떤 규범이나 외부 가치에 복종하는 일은
개인에게 더 이상 문제가 안 된다. 이제부터 개인이 요구하는 것
은 무엇보다 본성에서건 기질에서건 자신의 차별성을 확립하는 권
리이다. 하지만 무엇보다 자기 자신이라는 사실('진정성')이 중요
한 이 관점에서는, 인류가 하나라고 인정되는 근거인 문화의 가치
들이 사라지는 건 아니지만 적어도 자기중심주의에 더 큰 가치를
부여하기 위해 아주 희미해지는 건 아닐까?

이러한 경향은 약 15년 전부터 여러 작업을 통해 연구되었다. 그 작업들은 진정한 '공공 장소'의 가능성 자체를 억압하는 다양한 형태의 위협을 드러냈다. '공공 장소'에서 펼쳐지는 의사 소통은 사적인 의견의 표현뿐만 아니라, 사적인 이익의 문제로 축소될 수 없는 가치나 규범에 대해 최소한의 동의를 끌어내기 위한 의견 대립까지도 목적으로 한다. 이러한 경향이 있다면 개인의 출현으로 구조화된(혹은 파괴된) 사회에 내재한 이성들로서는 민주주의 세계가 어느 지점까지 그 경향에 자신을 내맡기는지 검토해야 할 것이다. 왜냐하면 우리는 개인의 출현이 가져올 또 다른 결과를 제시함으로써, 다시 말해 개인주의 사회에 대한 좀더 다양한 평가를 통해 사회 분열의 논리에 저항할 수 있는 덜 나쁜 결과를 제시함으로써, 사회의 미립자화를 고발하는 이들에게 맞설 수 있을 것이기 때문이다. 개인주의 사회는 전통의 종말로 규정되므로, 개인주의의 진보는 토론 없이 미리 설정된 여러 확신에 우리를 내맡길 수 있는 모든 가능성을 확실하게 우리에게서 앗아갔다. 그 결과 우리는 우리의 의견이나 선택을 정당화하려 할 때, 말하자면 우리 자신으로부터 나와 논증적 토론의 공간으로 들어가는 방법만을 사용하게 된다. 그 토론의 공간에서 유일한 정당성의 원리는 타인을 설득할 수 있는 최상의 논거를 발견하기 위해 우리가 타인의 입장에 얼마나 잘 설 수 있느냐에 달려 있다. 이런 의미에서 볼 때 법적 담론이 상호 주체적인 논증술의 하나라고 인정한다면, 80년대에 한편으로는 사회 조직의 분열화 혹은 백지화의 모든 경향과 함께 전례 없는 개인의 숭배가, 다른 한편으로는 새로운 사회적 구속의 원리를 규정하는 차원에서 법의 증진이 열어 놓은 모든 전망과 함께 민주 세계의 본질적 측면으로서의 법이 힘차고 다양하게 회귀하는 모습이 나타나는 것은 우연이 아닐 것이다.

이와 같이 개인주의의 내용은 아주 복잡한 채로 남아 있다. 토크빌주의 모델을 현대 사회에 적용하는 것은 아주 대조적인 평가들을 가져올 수 있는 것 같다. 이런 점에서 이 장 처음에 제시한 패러다임의 변화가 최근 지성사에서 아주 중요한 역할을 했던 프랑스에서[19] 10년 전부터 개인주의에 대한 진정한 논쟁이 펼쳐졌던 것은 의미가 있다. 그 논쟁을 통해 개인에 대한 문제 제기라는 표현은 한층 명확해진다.

Ⅱ

프랑스 개인주의 논쟁
신토크빌주의자들 대 신하이데거주의자들

　원리와 가치로서의 개인의 확립은, 최근 우리가 문화라고 부르는 것의 실재와 내용에 대해 활발하고도 오랜 논쟁을 불러일으켰다. 그러한 논쟁이 지적 세계와 매체 세계의 극한까지 펼쳐진다 해도, 논쟁의 풍부함이란 측면에서 결코 나쁜 징후는 아니라고 생각한다. 거기서 문제되는 것이 참여 분야의 전문가들에게만 관련 있는 것은 아니지만, 그 정도로 그 논쟁은 아주 명확한 여러 철학적 주제와 양식을 동원하게 된다. 우선 이들 주제 및 양식과는 관계없이, 대비되는 입장들을 분리해서 다루도록 하자.

　첫번째 입장은 우리가 내재성이라 부를 만한 것(즉 개인 자신 외에 다른 버팀목을 더 이상 찾지 않는 것)에 오늘날 문화가 점점 더 헌신하는 모습이 엄청나게 확대되고 있음을 주시한다. 문화 생산과 문화 소비의 역동성은 이제부터 모든 가치의 유일한 원리가 된 개인성의 확립에 부응하므로, 현대 사회는 자율성의 원리가 아닌 권력의 원리가 오랫동안 지배하고 있었던 분야(문화 분야)에서 개인 해방이라는 형태로 아주 의미 있는 진전을 수립한다는 것이다.

　이와 정반대의 입장은 이러한 내재성의 문화에서 어떤 제압 혹은 제거, 어쨌든 문화라는 개념 자체의 쇠퇴를 고발한다. 개인주의의 역동성이 지배하는 문화는 소비 세계의 여러 모습들 중 하나일 뿐이라는 것이다. 즉 개인과 그의 의지가 민주적인 사회 문화의 지극한 열의의 대상이라 해도 어떤 것도 문화 생산과 소비재 생산을 더 이상 구별하지 않으며, 그 두 영역을 지배하는 것은 쾌락의 원리, 다시 말해 용어의 공리주의적 의미(행복의 극대화, 고통의 최소화)에서 유용성의 원리라는 것이다. 그런데-그렇다면 이 두번째 입장 그 자체가 입증하는 비판적 측면, 즉 문화에 대한 공리주의적 개념은 문화를 소비 영역에 포함시킴으로써 그것을 간단히 부정하는 것은 아닐까?

문화에 대한 이 논쟁은 분명히 개인주의의 역동성에 대한 좀더 방대한 의문과 분리될 수 없다. 어떤 이들은 이 논쟁에서 근대성의 가치와 본질적으로 밀접히 연결된 해방의 역동성을 감지한다. 반면 다른 이들은 개인주의의 역동성은 용어의 참된 의미에서 문화의 가치들을 위시하여 소위 인간의 가치들 중 많은 부분을 사실상 파괴하는 의사(擬似)-해방의 역동성일 뿐이라고 평가하며, 그 파괴 과정을 '난폭함(barbarie)'이라고 주저 없이 말한다.

철학적 근거라는 점에서 볼 때 프랑스의 이 개인주의 논쟁은 토크빌주의에서, 좀더 정확히 말해 신토크빌주의에서(왜냐하면 다른 것들보다 오히려 어떤 잠재성을 개발하면서 이루어지는 토크빌의 작품을 자유롭게 참조하기 때문이다) 영향을 받은 작가들과 같은 이유로 신하이데거주의에서 영향을 받은 작가들이 뚜렷하게 대립하는 양상을 보인다. 격렬하고도 열려 있는 이 방대한 논쟁의 쟁점을 평가하기 위해서는 리포베츠키가 1987년에 출판한 《덧없음의 제국》에서 출발해야 한다. 이 작품을 주축으로 여러 입장들의 마찰이 구체화되었다.

토크빌의 작품과 마찬가지로 반(半)철학적이고 반(半)사회학적인 작품 《덧없음의 제국》을 자리매김하려면, 리포베츠키가 1983년에 출판한 《공허의 시대. 현대 개인주의에 관한 시론》을 언급해야 한다. 《공허의 시대》는 근대성의 전형적이고 다양한 문화적 움직임들이 내가 앞장에서 거론했던 의미에서 개인주의의 역동성에 포함된다는 것을 보여 주기 위해 신토크빌주의 관점을 아주 정확히 채택한 프랑스의 초기 작품들 가운데 하나였다. 큰 성공을 거둔 《공허의 시대》는 전반적으로, 훗날 《덧없음의 제국》을 가장 혹독하게 비판하는 이들을 포함해서 호의적으로 받아들여졌다.[20] 반면 《덧없음의 제국》은 상당수의 강력한 비판적 반응을 일으켰고, 독자로부터 다시 성공을 거두었음에도 불구하고 논쟁의 한가운데 자리잡았다. 실제로 《덧없음의 제국》은 특히 신하이데거주의 진영에서(나는 핑켈크로트를 염두에 두고 있다), '문화'의 소위 인간적 가치들을 파괴하는 의사-해방적인 현대 개인주의를 금지하고 설명하기 위해 대체로 읽혔던 것이다. 이러한 대조적인 반응의 참뜻을 파악하기 위해 우선 《덧없음의 제국》의 주제들과 그 주된 가설이 무엇인지 떠올려야 한다.

1. 개인의 문화: 질 리포베츠키

《덧없음의 제국》은 '근대 사회의 유행과 그 운명'〔이 책의 소제목이기도 하다〕을 주제로 하는 작품이다. 자세히 말하면 오늘날 그

범위가 확장되고 다양화된 유행 현상들을 주제로 한다. 리포베츠키가 '유행 형태'라 부른 유행의 논리는 의복·의류 같은 그 본래의 영역을 넘어, 이제부터는 비본질적이고 표면적이며 변덕스러운 모습들뿐만 아니라 지적 혹은 문화적 산물에서 정치적 삶에 이르기까지 갑작스럽고 일시적인 열광의 대상이 될 수 있는 모든 것을 포함하기 때문이다. 실제로 그 목록에는 매체로 전파하기, 구호 만들기, 신속한 소비, 계속되는 혁신과 유사한 현상들이 있다. 이러한 수렴 현상은 유행의 전개 과정 가운데 검토해야 할 어떤 '주제,' 즉 유행 형태와 모든 사회 영역으로의 그 현대적 확산과 같은 주제가 있는지 생각하게끔 한다.

이와 같이 설정된 주제는 철학적 혹은 사회학적 사유로 볼 때 아주 도발적임을 우리는 깨닫게 될 것이다. 유행은 비합리적인 것, 우연·임의·무상의 것, 특히 가장 비이성적인 모습들의 영역으로 보이기 때문이다. 왜 어떤 해에는 치마 길이가 길어지고 깃 넓이가 좁아지는가, 혹은 왜 어떤 아이디어 상품은 일상의 필수품이 되는가? 여기에는 확실히 우연과 비합리성의 차원, 아무튼 모든 논리를 무시하는 것 같은 비이성의 차원이 있다. 왜 오늘날 짧은 머리는 젊음을 표현하며, 반면 몇 해 전까지만 해도 반체제적 젊음의 표상이던 긴 머리는 이제 '늙음'을 나타내는가? 순전히 시간의 변덕, 그것인 것 같다. 또한 철학이나 사회학처럼 현실의 합리성을 생각하거나 사회 영역의 논리를 밝히려는 분야에서 볼 때, 유행 현상은 당연히 합리성이라는 전제가 유지되기 아주 어려운 것들 중 하나로 보이는 어떤 돌발이다. 사실 변덕스러운 것의 역사에서 어떻게 하나의 관점을 찾을 것인가? 정확히 말해서 유행이라는 주제가 아주 흥미로운 이유는 여기에 있고, 그것을 인정할 수밖에 없다. 그 결과 합리성이라는 기획 자체를 검토하게 된다. '이유 없음'에 가장 가깝게 여겨지는 주제를 놓고 어떻게 현실의 합리성이나 사회의 논리를 생각할 것인가?

이러한 사실로 인해 (유행은 특히 가장 비이성적인 모습들의 영역으로 보이기 때문에) 이와 같은 주제는 일반적으로 마치 그 자체로부터인 듯 하나의 가능한 이론화 유형을 이끌어 내는데, 그것은 자신의 관점에서 대체로 효과적으로 실천되었던 아주 매혹적인 것이다. 또한 비이성적인 것은 사실상 겉으로 볼 때만 선택이라는 용어를 적용시킬 수 있는 것 같다. 여기서 말하는 선택이란 진정으로 자유롭고 사려 깊은 선택을 뜻한다. 이렇듯 유행은 정말로 결정된 어떤 것이라 여기기엔 너무 임의적으로 나타나기 때문에 그것을 이해하기 위해 마치 그 자체로부터인 듯, 모든 것은 여기에서 선택이라는 명백한 자유와 아무 상관없이 전(前)반성적인 메커니즘들에 복종한다고 가정하려는 유혹을 불러일으킨다. 이때 사람들에게 은폐된 논리들이 표현될 곳은 그 전(前)반성적인 메커니즘들이다. 무의식적 조작이나 은밀한 조직——이것은 소비의 필요성, 광고의 악마적인 허위의 힘, 서로 '구별되려'는 경쟁 집단들 사이의 사회적 경쟁 규칙에 의해 형성된다——에 준거한 도식들에 따라 유행 현상들을 대체로 분석했던 것은 바로 이러한 이유에서이다. 사회가 개인을 지배한다는 아주 잘 알려진 곡조의 그 많은 변주곡, 다소 섬세한 변주곡들, 그러나 그 전체 음조는 결국 유행 현상들의 이러한 특성으로 설명된다. 이와 같이 유행이라는 변화 과정의 명료함(그 변화 과정으로 이론을 만들려고 하는 이가 잘 추론해 내야만

하는 명료함)은 가설의 형태에서만 찾아질 수 있는 것처럼 보이고, 그 가설에 따라 사회 문화 현상들에 내재한 논리, 사람들에게는 은폐된 어떤 논리가 정립될 것이다. 이때 사람들은 '시장' '소비 사회' '생산의 필요성' 등 여러 측면에서 그들이 겪게 될 무의식적 억압의 희생자일 뿐이다. 간단히 말해 부르디외의 사회학에서까지 유행이 대체로 **소외** 이론으로 연구되었던 것은 납득할 만하다. 부르디외의 사회학에서 유행의 역동성은 서로 구분되려는 지배층 계파들의 경쟁적 대결 구도의 역동성으로 나타난다.

이와는 대조적으로 1987년에 리포베츠키가 제기한 주요 주장은 문제를 심도 있게 확실히 갱신한 보고서에서 출발함으로써 자신만만하게 이 이론화 유형을 백지 상태로 만들었고, 이어 새로운 물음을 던졌다. **사실상** 유행이 14세기 중엽 이전에는 존재하지 않았던, 서구의 그리고 근대의 특별한 현상이었음을 어떻게 이해할 것인가? 중국, 인도, 고대 사회들에서 옷차림의 변화는 수천 년 동안 예외적인 현상들이었다. 모든 것은 중세 말기부터 짧고 몸에 꼭 맞는 남성복, 길고 몸에 꼭 맞는 여성복과 같은 새로운 유형의 옷차림이 나타난 진정한 의복 혁명을 통해 변한다. 이때부터 변화 · 변덕 · 혁신 · 급변의 양상들은 아주 빠르게 계속 증가할 것이라고 리포베츠키는 기록한다. 고대가 새로운 시대를 위해 계속 가치 하락하는 이때가 처음 선보이는 사회 장치로서, 즉 짧은 시기의 체제로서 유행 형태가 출현하는 근대성의 여명기라는 것이다. 고대 이집트의 튜닉 의상, 그리스의 페플로스, 로마의 토가는 여러 세기 동안 변하지 않은 채 남아 있기 때문이다. 일본의 기모노, 17세기에서 19세기까지 어떤 변화도 겪지 않은 중국의 여성복도 마찬가지이다. 따라서 유행 형태는 사회와 문화의 아주 특이한 유형에 속한다. 그렇다면 어떻게 유행 현상에서 사회 집단들 사이에 형성된 경쟁 관계들의 단순한 결과만을 계속 검토할 것인가? 그런 관계는 14세기 전에도 서구 외에서도 유행 현상들을 일으키지 않고 아주 분명히 존재하지 않았는가?

리포베츠키가 근거로 내세운 자료들을——이 자료들을 중요시하면 새로운 의문이 생긴다——보완하기 위해서는, 유행이라는 장치는 언제나 대중이라는 좀더 넓은 부분으로 확장되면서 변화한다는 사실을 덧붙여야 한다. 실제로 리포베츠키는 근대성이 출현한 이후부터 이 장치에 일기 시작했던 변화에 대해 방대한 재건축을 시도한다. 원래 귀족 집단 전용이던 유행의 역동성은 1880년경 고급 의상실인 '오트 쿠튀르'와 그 의상 유형을 대량으로 재생산하는 '기성복 제조'의 동시 탄생과 함께 사회 전체로 확산되었다. 이 체제는 1960년경에 붕괴되어 이제 우리가 잘 알고 있는 체제가 들어선다. 이제부터 문제가 되는 것은 '계급을 나타내는 것'보다 '나이보다 젊게 보이는 것'이며, 사회적 격차를 표명한 것이라기보다 독특함과 개성을 표현한 '미세한 차이들'을 유지하는 일이다. 이런 변화 내용을 간단히 요약하면, 유행 형태는 이런 저런 집단과 구별되는 것보다 과거——점점 현재와 가까워지는 과거——와의 끝없는 단절이 더 중요한 듯, 점점 짧아지는 시대 구분, 그 과정의 가속화와 함께 민주화(유행 형태는 언제나 더 많은 사람에게 확대·적용되었다)와 증대라는 방향으로 변화했다.

이것은 유행 현상에 적용된 논리들, 특히 현실적이거나 상징적인 힘을 위해 서로 경쟁하는 사회 집단들의 구분 전략이란 용어로 유행 현상을 계속 생각한다는 논리와 양립 불가능하므로 해석이 필요한 자료들이다. 그러한 논리는 실제로 유행의 근대성, 유행의 서구성, 유행의 민주화, 유행의 가속도 가운데 그 어느것도 설명하지 않은 것이다.

내가 여기서 개인의 출현에 따른 문화적 결과들에 대해 펼쳐진 현대 논쟁의 한 입장으로서만 언급한 리포베츠키의 주장 전체는, 따라서 유행을 통해 민주주의 시대의 강림을 나타내는 전복 현상들의 신호를 보는 것이다. 즉 유행을 통해 표현되는 것은, 개인의 자유라는 이름으로 전통의 태곳적 힘을 부인하고 계속 창조되는 규칙과 규범을 거치면서 현재 역사를 쓰기로 결심하는 사회들의 출현 그 자체라는 것이다. 다시 말해 유행을 결정하는 부차적인 변화들의 논리를 통해 간파해야 하는 것은 소외라는 은밀한 시도가 아니라 느리게 전진하는 민주적 가치들과 '개인의 자율성'이 된다. 여기서 우리가 분명하게 재발견하는 것은, 근대 사회의 민주적 개인주의와 전통 사회의 전체론에 대한 '토크빌의' 구분이며, 그것은 그의 분석 전체에 전제되어 있다. 전통 사회에서는 역사가 과거로부터 쓰여지는 어떤 실존 양식에 따라 다양한 전통이 모든 선택을 미리 결정함으로써 의식을 억압하는 반면, 근대 사회는 개인 스스로 자신의 규칙과 규범을 자동 설립한다는 의미에서 개인의 해방을 보장한다. 따라서 유행의 출현과 그 급진화——민주주의 전개 과정과 유사한 급진화——의 위상은, 리포베츠키에 따르면 이러한 전체적인 틀에서 다시 세워져야 하고, 그로 인해 유행 형태는 전통과의 단절이라는 근대 서구의 논리에 포함된다.

유행의 공간으로 들어서면서 개인들은 비굴하게, 다시 말해 '자동적으로' 과거의 유산에 따르는 것을 거부한다. 그들은 자신들이 현재 결정하고 계속 변혁시킬 규칙들의 '주인이자 소유주' 이기를 원한다. 아주 매혹적인 가정으로 유행이 지금 즉각적으로 작동하길 우리가 원한다면, 우리는 그 유행을 허락할 수밖에 없다. 규준들을 결정함으로써 어떤 사회 장치가 설립되면, 그때의 규범이 아무리 새로워진다 해도 오늘날 유행은 본질적으로 그 사회 장치가 설립된 이후에, 그러한 규준들의 부재에 의해 결정된다. 즉 유행은 누구나 자신의 규준들을 선택할 수 있는 가능성, 혹은 누구나 원하는 대로 **키치** 양식에 따라 자신의 가장 완고한 개인성을 나타내기 위해 (자신이 속한 사회 집단 내부에서) 다양하게 규준들을 조합할 수 있는 가능성에 의해 결정되는 것이다. 이런 의미에서, 리포베츠키에 따르면 유행을 생각하기 위한 주요 범주는 더 이상 소외의 범주가 아니라 반대로 개인 선택의 해방이라는 범주이며, 따라서 유행의 논리는 모습들이 반전체론적으로 개별화되는 거대한 과정인 민주적 개인주의의 논리와 다르지 않다.

이것이 리포베츠키의 주장이다. 그렇다면 이제부터 이러한 해석이 아주 방대한 논쟁을 일으킬 수 있었던 사실을 이해해야 할 것이다. 《덧없음의 제국》이 현대 지적 논쟁, 즉 민주주의 사회와 그 사회에서 지식인들의 역할이 이제부터 무엇일 수 있는지에 대한 논쟁의 중심 차원에 자리잡았음을 깨닫지 않고서는, 우리는 그 논쟁을 이해할 수 없다. 프랑스 개인주의 논쟁에서 이 책이 의미를 가지는 것은 이러한 배경에서이다.

2. 민주주의 사회의 지식인

이러한 관점에서 약 20년 전, 60년대 프랑스 철학의 고유한 내용·음조, 달리 말하면 그 독특한 **분위기**가 무엇이었는지를 떠올려야 한다. (푸코·데리다·알튀세르·들뢰즈·리오타르·부르디외·라캉 등으로 대표되는) 68사상의 주요 사조들은 사실상 전후의 심한 충격에 뿌리를 두고 있었다. 서구 근대성의 가치들은 식민주의도, 나치의 전체주의도 막지 못했기 때문에 자유주의 사회들의 미래와는 완전히 다른 미래를 창조해야 했고, 이를 위해 이들 사회와 긴밀히 연결된 것으로 보이는 휴머니즘의 여러 가치와 민주주의 문화에 문제를 제기해야만 했던 것이다. 이런 의미에서 60년대의 지식인은 이들 자유주의 사회와 휴머니즘의 가치에 근본적으로 비판적인 태도를 취했고, 부르주아의 취향을 북돋운다는 이유로, 혹은 기술공학의 지배에 복종한다는 이유로 성향에 따라 그 사회와 가치를 단죄했다. 가혹하게 비판적인 이러한 태도에 비해, 리포베츠키의 《덧없음의 제국》과 일반적인 견지에서 신토크빌주의 사조(뒤몽의 작품은 예외이다. 이 부분에 있어서 그의 작품 방향은 눈에 띄게 다르다)는 민주주의와 근대성을 재평가하려고 광범위하게 시도한다. 그 결과 민주주의와 근대성은 수많은 역사적 사건과 그만큼의 개념적 재정비에 힘입어, 더 이상 끔찍한 현실들과 내부의 공범이라고 반드시 의심받지는 않게 된다. 민주주의 사회에 어떤 비판적 담론을 기어코 계속 제기할 수 있어야 한다면, 그 비판 양식이 변형될 정도이다. 근대성에 대한 비판이 계속 존재할 수 있고, 또 존재해야 한다면, 근대성의 논리는 해방하는 것으로, 따라서 '전체적으로 볼 때 긍정적인 것으로' 여겨져야 하므로 그 비판은 어떤 의미로는 근대성 자체에 좀더 내밀한 것이 되어야 하는 것이다.

하지만 신토크빌주의 사유 방식이 매우 강하게 비난받았던 이유는 바로 여기에 있다. 신토크빌주의는 내밀한 것이 된 비판이 비판의 대상 자체에 활기를 불어넣고, 그것에 스며들면서 불가피하게 그 대상의 공모자가 되는 건 아닌가 하는 물음에 직면한다.

3. 개인주의의 난폭함: 알랭 핑켈크로트

이러한 비난들이 옳은지 그른지 적절한지 아닌지 당분간은 제쳐두고, 나는 이 논쟁의 용어들을 규정하는 데 만족할 것이다. 핑켈크로트, 퐁트네, 《유럽의 메신저》 잡지를 중심으로 재결합한 쿤데라나 살라네브 같은 소설가들이 참여한 어떤 철학적이고 문학적인 사조는, 신토크빌주의 입장이 민주주의 사회들이 가지고 있는 고유의 결점과, 개인성 해방 과정이라는 외양 아래 숨어 있어 기만적인 만큼 더더욱 위험한, 비밀스런 그들 개인주의의 새로운 형태인 잔인함, 심지어 '난폭함'을 보려 하지도 않고 볼 줄도 모르는 것은 '협력자' 사상의 증거라고 평가했다.

민주적 개인주의의 전망인 난폭함. **유로디즈니**로 회사를, **쥐라기 공원**으로 영화를, 또는 마돈나의 콘서트를 나타냄으로써 구호 만들기의 요구에 스스로를 바치는 방법이 잔인함의 엄청난 희생자들에게 모욕은 아닌지 우리는 분명 자문할 수 있을 것이다. 말놀이는 그 근본 원리가 신비한 단어를 대상으로 하는 건 아니지만[21] 단어들이 아주 심각하게 사물들을 구속할 때는 아마 더 이상 적절하지 않을 것이다. 아무튼 우리가 잔인함이 표현되는, 이론의 여지가 있는 형태를 빼고 생각한다 해도 반론은 계속될 것이고, 그 반론의 논리 또한 검토되어야 한다.

특히 핑켈크로트는 《사유의 패배》의 여세를 몰아 매체를 통해 신토크빌주의의 개인주의 옹호를 단죄했다. 《데바》지에 실렸던 핑켈크로트와 고셰의 대담[22]을 완결지은 《르 몽드》 신문 1987년 11월 13일의 한 기사에서, 그는 철학적으로 명백히 근대성에 대한 하이데거의 비판에 준거하여[23] 민주적 개인주의의 옹호자들에게 다음 세 가지 반론을 내세운다.

첫번째 반론을 통해 그는 유행이 나타나는 모습들의 개별화라는 논리가 진정으로 해방 과정에 속한다는 주장에 이의를 제기한다. 거기서 전통의 권위가 해체되는 건 확실하지만, 그때의 개인은 욕구와 그것의 만족이라는, 거의 생물학적인(다른 관점에서 보자면 사회·경제학적으로 이용된) 주기의 강압에 굴복하기 때문이다. "개인은 어제도 내일도 없는 쾌락의 연속 외에 더 이상 아무것도 아니고, 그의 삶은 더 이상 **전기**(傳記)로서 누군가의 삶이 아니라 욕구와 충족의 영원한 **생물학적** 회귀일 뿐이다"라고 핑켈크로트는 쓴다. 요약하면 소위 개인 해방이라고 하는 것은, 실제로 생물학의 범주에 인간을 다시 포함시킴으로써 자연을 위해 그 문화를 부정하는 인간의 재-동물화, 그것을 위해 우리 인격을 파괴하는 비인격화라는 것이다. 아렌트가 주장했듯이 자연의 존재가

삶의 단순한 주기를 초월하면서 자연에서 벗어나는 과정, 바로 그
것이 아니라면 사실 문화란 무엇인가? 이 첫번째 반론에 즈음하여
문화에 대한 문제 제기가 모습을 드러내기 시작한다.

이러한 문제 제기는 두번째 반론을 거치면서 훨씬 명백해진다.
오늘날 모습들의 개별화로 인해 모든 인간 현실이 '소비라는 탐욕
스런 주기에' 복종하는 현상은 그 직접적인 결과로 '고급 문화'의
붕괴, 즉 핑켈크로트가 하이데거의 유산에 따라 기술과 소비 세계
를 지배하는 '계산적 이성'에 대립시킨 '사유'의 붕괴를 가져온다
는 것이다. 유행 형태의 요구에, 좀더 일반화시켜 소비의 공리주
의적 논리에 복종하는 사회에서 고급 문화는 모든 것이 소비할 수
있는 것, 그것도 빠르게 소비할 수 있는 것이어야 하고, 소비 후에
는 즉시 내버릴 수 있는 것이어야 한다는 지상 명령에 지속적으로
저항할 수는 없을 것이다. '대중 문화'는 '문화'가 아닌 것이다. 따
라서 영상 문화와 록 콘서트(여기서 거의 근원적인 악을 구현하는
마돈나!)의 시대에, 발자크가 《베아트리체》에서 표현한 다음 의미
로 단순한 제품이 아닌 작품 추구는 당연히 위협받게 된다: "우리
는 제품을 가진다. 더 이상 작품을 갖지 않는다." 이와 같이 개인
주의의 논리는, 핑켈크로트에 따르면 비인격화하는 것이기에 결국
비인간화하는 것이다. 인간이 그 고유의 인간성을 표현하기 위해
자연에서 벗어난 것은 무엇보다도 고급 문화를 통해서였기 때문
이다.

마지막 반론을 통해 그는 공격을 마무리한다. 민주적 개인주의
를 옹호하는 이들은 민주주의의 전개 시기를 개인주의로 설정했
듯이, 모든 것을 개인주의 논리 그 자체로 구별 없이 일률적으로

찬양하기에 이른다는 것이다. 동유럽 전체주의에 직면한 80년대 초기에 민주주의를 정당하게 합법적으로 재평가하는 상황에서 이런 유형의 사상이 확립됐다고 핑켈크로트는 시인한다. 사실 나치의 전체주의를 막을 수 없었다는 이유로 전후에 가치 하락된 민주주의 개념은 폴란드 사건을 계기로 러시아 또는 체코슬로바키아의 반대자들의 담론을 거치면서, 동유럽에서 전체주의 체제가 가장 급진적으로 비판되었을 때 그것이 민주주의의 원리들에 준거해서였음을 많은 지식인들이 마침내 알아차림으로써 인권이라는 주제와 함께 다시 부각되었다. 그렇지만 이러한 재평가가 초래하는 경향을 조심하지 않으면, 민주주의 사회 현실에 대해, 경우에 따라서는 그 현실과 모호한 원리들의 관계에 대해 비판할 수 있는 가능성이 결국 사라지고, 그러한 비판의 약화는 정치적·문화적 측면에서 다음과 같은 위험한 결과들을 낳는다는 것이다.

—— 정치적으로 반전체주의는 '사물들의 통속적 시성식(諡聖式)으로 변질되려' 한다. 이제부터 '조건의 평등이라는 빛나는 현재가 계급 없는 사회라는 이상적 미래를 대신했기' 때문이다. 달리 말하면 우리가 이렇게 관심을 두지 않는 결점들을 충족시키는 것은 더 이상 내일이 아니라 바로 지금이다. 그렇기 때문에 어떤 '나쁜 운명'이 우리로 하여금 '10년 동안의 전적인 동의와 과도한 찬양을 통해, 1960년대와 1970년대의 비판의 남용을 속죄하도록' 하는 건 아닌지 결국 자문해야 한다.

—— 유추해 보면 문화 분야에서, 어떤 제품을 통해 개인성을 확립하는 것은 모두 그만한 가치를 가진다는 확신에 따라 '문화 제품'이라 할 수 있는 모든 것은 그 무엇이든 비정상적으로 신성시

된다. 즉 구별 없이 같은 자격으로 서로서로를 지지하는 로큰롤과 클래식 댄스, 실험극과 랩뮤직, 민속학과 펠리니 영화, 타그(스프레이로 벽에 그린 낙서)와 지휘자 불레즈를 무질서하게 동일시하면서 '모든 것이 문화이다' 라고 한 자크 랑의 문화 정책이 그 분야에서 지난 10년 동안의 구호였던 것은 우연이 아니다. 그것은 개인성을 신성시하는 현대 비판 정신의 쇠퇴와 완벽하게 부합한다. **이와는 반대로** 활발한 비판 정신은 진정한 문화가 소비로 인해 붕괴되는 것을 막는 조건이 된다고 새롭게 생각할 필요가 있다.

이와 같이 프랑스 개인주의 논쟁은 정치적 적용이라는 많은 문제점들과 함께 민주 사회의 문화라는 개념 자체에 대한 논쟁에 입각해서 구체화되었다. 나는 여기서 이러한 논쟁을 중재하려고 할 수는 없다. 그러기 위해서는 결코 편을 들지 않겠다고 약속해야 하는데, 근대와 반근대 사이의 여러 관점에 대한 나의 선택은 분명하기 때문이다. 나는 다만 내가 보기에 중요한 이 논쟁을 우선은(가치와 원리로서의 개인의 출현, 그 결과들에 대한 논쟁이란 점에서) 보편성이라는 가장 방대한 차원에서, 그 다음은 (논쟁 여기저기에서 동원되는) 민주주의 문화에 대한 개념들이라는 좀더 특수한 차원에서 검토함으로써 몇몇 비판적 견해를 제시하고자 한다.

(민주적 개인주의에 대한 논쟁이란 점에서) 보편성이라는 가장 방대한 차원에서 이 논쟁을 검토하면서, 나는 1988년 《렉스프레스》지의 한 기사를 통해 공개적으로 리포베츠키의 작업을 지지했었다. 개별화 과정의 역효과들을 상당 부분 신중하게 분석한 《공허의 시대》와 《덧없음의 제국》에 대해 사람들이 리포베츠키의 주장들을 마치 (아주 만족스럽게) 현재를 정당화한 것인 양 소개하면서

왜곡하는 것으로 보였기 때문이다. 이어서 1989년《개인의 시대》에서는 어쨌든 여러 오해와 반론의 실마리가 될 만한 것을 신토크빌주의 관점에서 끄집어 내려 했다. 이제 와서 그때로 다시 돌아갈 수는 없으므로 간단하게 회고적인 방법으로, 왜 이 두 입장이 근대성을 해석하는 전체적 측면에서 심각한 난관에 부딪치는 것으로 보이는지 말하고자 한다.

4. 신토크빌주의에 맞서: 자율성과 독립성

이 점에 있어서 토크빌 고유의 사상을 강조하는 신토크빌주의 사유 방식은, 전통에 대한 개인의 해방과 (다시 말해 개인의 **독립성**의 확립과) 개인의 **자율성**의 쟁취를 단순하게 혼동하는 경향이 있다. 이것은 내가 다른 곳에서 오랫동안 펼쳤던 반론이며, 여기서는 조금 다른 형태로 설명함으로써 그 원리를 다시 소개하는 데 만족할 것이다.

내 생각에 신토크빌주의 관점에는 상수(常數)가 있고, 리포베츠키와 고셰 작품에서 다양하게 강조된 그 상수는 뒤몽의 저서에 이미 제시되어 있었다. 그 상수는 뒤몽을 통해 우리에게 아주 익숙해진 대립, 즉 전통 사회의 '전체론적' 이데올로기와 우리 '개인주의' 문화——여기서 개인은 자기 자신 외에 다른 어떤 것에도 더 이상 복종하지 않는다——의 대립에 기인한다. **계급적 인간**과 **평등의 인간**의 대립과 일치하는 이 대립에 힘입어 신토크빌주의 분석이 개인을 근대 세계의 최고 가치로 만들 때, 그것은 개인을

'독립적이고 자율적인, 그 결과 본질적으로 비사회적인 존재로 나타냄으로써 가능해진다. 방금 언급한 뒤몽의 표현에서도 명백해진 독립성이란, 가치와 자율성이란 가치의 겹침은 근대성의 유일한 쟁점이 개인성이라는 원리의 증진이었다고 여기게끔 한다. 나는 이러한 이해가 잘못된 것이며, 길을 잃게 만든다고 생각하는 것이다.

개인주의의 논리는 확실히 독립성의 논리, 즉 '구속들로부터의 해방'이라는 논리이며, 그로 인해 근대 개인은 자기 자신에게만 몰두하려 한다. 이런 의미에서 근대 사회들은 루소가 자연 상태의 특징이라 했던 '규제 없는 자유'라는 뜻으로 자유를 해석하는 경향을 띤다. 사실 완전한 독립성, 완벽한 자기 충족성은 어떻게 보면 결국 '자유로운' 혹은 '자발적인 의지'를 제한할 수 있는 모든 규제를 거부한다는 것과 일치할 것이다. 그러한 규제 혹은 제한을 받아들이는 것은 다른 이와의 관계라는 문제, 공존에 필요한 조건이라는 문제를 고려한다는 의미일 것이며, 그러한 문제를 고려한다는 것은 개인이 그 자체로 충분하지 않고 존재하기 위해 데카르트 작품에 나오는 실체와 같이 자기 자신만을 필요로 하는 건 아니라고 생각하고 있음을 이미 뜻할 것이다. 이 책 첫장에서 제시한 내용들을 떠올려 볼 때, 개인주의의 이러한 급진화 가운데 근대성의 한 경향이 있음은 조금도 의심스럽지 않다.

그렇다고 해서 근대 문화에 대한 일방적인 독서에 따라 사슬처럼 이어져 있는 이러한 개인주의의 가치들 가운데 **자율성** 또한 원론적인 방법으로 포함시키는 것은 정당한가? 달리 말해 보자. 독립성의 윤리학은 확실히 자기 충족성이라는, 다시 말해 규제 없는 자유라는 이상을 발전시킨다. 그러나 규제 없는 자유가 자율성인가? 아니라고 한다면 신토크빌주의 사조가 근대 이데올로기를 규정한 방식에 극도로 미묘한 변화를 줄 수밖에 없다. 즉 내가 근대성이 분명 자율성과 독립성에 가치를 부여했음을(근대성은 이 이중의 가치 부여를 위한 자리였음을) 인정한다 해도 이 **이중**의 가치 부여로 인해 그 둘, 즉 자율성과 독립성이 하나로 여겨지는 것을 받아들여야 하는 것은 아니다. 루소가 자신의 《사회계약론》에서 타고난 자유를 규제 없는 자유(완전한 독립성)로 묘사할 때, 그의 관점에서 그것은 정확히 진정한 자유가 아니다. 진정한 자유란 '시민의 자유'로서, 루소는 오히려 자유롭게 받아들인 규제들에의 복종에, 달리 말하면 칸트가——이 점에 있어서 칸트는 스스로를 '도덕 세계의 뉴턴'(루소를 일컫는다)의 후계자라고 생각할 것이다——의지의 자율성이라고 정확히 이름하게 될 어떤 것에 진정한 자유를 자리매김한다. 그러므로 근대성의 차원 전체에서 볼 때 루소·칸트·피히테의 작품들이 표현하는 최고의 가치는 결코 규제 없는 자유의 가치가 아니다. 원리로 승격된 가치는 자율성의 가치이고, 그것에 대립하는 것은 (규제들에 대한 복종으로 이해되는) 종속성이 아니라 타율성이다.

  사실 이 점을 강조해야 한다. 자율성으로서의 자유(본질적으로 근대적인) 개념은 어떤 의미에서는 규제들에 대한 종속성, 그러나 자유와 양립할 수 있는 종속성, 좀더 자세히 말해 (인간의) 진정한 자유는 규제 없는 (타고난) 자유가 아니라 인간 스스로를 자신의 규범과 규칙의 토대 혹은 근원으로 만드는 데 있다는 의미에서 진정한 자유의 토대가 되는 종속성을 가리킨다. 인간의 규칙, 다시 말해 자동 설립된 규칙에 대한 종속성인 자율성이 또한 독립성의 특별한 한 형태임은 어쨌든 사실이다. 그 때문에 우리는 오해할 수도 있고, 단순하게 자율성을 독립성과 혼동할 수도 있다. 그러나 자율성은 나에게 **법**을 강요하게 될 어떤 근원적인 **이타성**(異他性)에 비해서만 독립성이다. 요약하면, 독립성의 형태를 띤 자율성은 (이것은 법의 자동-설립을 의미한다) 독립성으로 이해되는 그 어떤 모습과도 결코 섞이지 않는다. 자율성의 이상에 있어서, 나는 규범과 규칙을 자유롭게 받아들인다는 조건에서만 그것들에 종속되어 있는 것이다. 그 자체에 법과 규제라는 개념을 포함하는 자율성의 가치는 보통법에 복종한다는 사실로써 **자아**의 제한이라는 원리를 완벽하게 수용할 수 있다. 따라서 상호 주체성이라는 배경에 주체성을 새기는 것과 사실상 일치하는 자율성의 원리, 그것에 내재하는 관점보다 본질적으로 덜 '개인적'인 것은 없다.

그러므로 근대인들에게 있어서 민주주의 개념을 구성하는 것은 정확히 자율성의 가치임을 명확히 밝혀야 한다. 반면 독립성에 대한 과장되고 지나친 가치 부여는, 본질적으로 제한할 수 없고 모든 규범성에서도 면제된 절대적 가치로 **자아**를 단순히 규정하는 데까지 이른다. 신토크빌주의적 접근이 강조하듯이, 근대 개인주의가 그러한 독립성의 가치에까지 이르렀음을 우리가 인정하면, 그때부터 다음 두 가지 비판은 틀림없이 우리가 인정한 것을 명확히 밝히고 제한할 것이다.

1. 신토크빌주의 사조에서 관례적으로 쓰이는 '민주적 개인주의'라는 표현은 결국 자명하지 않다. 반복하건대, 근대 민주주의 개념을 이루는 것은 정확하게 독립성이 아니라 자율성이기 때문

이다.

2. **그러한** 독립성의 가치는 엄격하게 **제한되고 한정된** 독립성의 모습인 자율성, 그것의 가치 하락 혹은 와해에 의해서만 가능해졌다. 자유의 근대적인 두 모습은——이 둘을 동일시하면 반드시 단죄된다——과도한 단순화로 인해, 다시 말해 확실히 모호한 근대성에 대한 전체적 해석으로 인해 이렇듯 서로 대립하게 된다.

내가 리포베츠키에게 이러한 반론들을 제기할 때, 개념적이거나 '철학적인' 상세한 설명들로 일관하는 그의 대답은 한결같다. 하지만 그 설명들이 사회학자로서의 그의 실천을 손상시키지는 않는다. 일반적으로 철학과 사회학의 바람직한 관계 경영이 영향권의 분할인지 내게 분명하지 않은 것과 마찬가지로 그러한 대답이 계속될 수 있을지 확실하지 않다. 내가 방금 지적한 개념적 모호함은, 구체적인 분석의 지평에서는 그러한 신토크빌주의적 접근이 실제로 전통이 와해되는 모든 문화 현상들 가운데 진정한 선택 원리를 제시하지 않는다는 사실로 해석되기 때문이다. 즉 불레즈와 마돈나를 같은 차원에 놓는 것이 내게 신성모독으로 여겨져서가 아니라(결국 둘을 묶어 놓는 차원은 어떤 것인가?), 다만 전통에 비해 해방 그 전체가 반드시 자립인 것은 아니기 때문이다——해방은 자립의 필수 조건이지 충분 조건이 아님을 이해할 것. (예를 들면 또 다른 전통이 다시 수립될 수도, 전통과는 다른 이타성의 형태에 복종하게 될 수도 있다.) 하지만 그 채택된 개념적 일람표는 여기에서 선택 원리를 제공하지 않으므로, 모든 것은 민주적이라고 가정된 개인주의의 진보로부터 설명되려 하고, 그렇게 제 가치를 찾으려 한다. 신토크빌주의 사회학자의 실천 그 자체를 두고 다양한 설명들이 생기는 것은 바로 이 때문인 것이다. 그 설명들은 검증 가능한 것도 반증 가능한 것도 아니며 모든 것을, 예를 들면 연인들의 삶의 변화 혹은 가치로서의 인간의 권리 회귀 등을 글자 그대로 같은 가치로 만들려 한다. 그 결과 그 행보는 어떻게 보면 거의 허무주의가 되면서 끝난다. 결국 모든 것은 모든 것의 우열이 없어지는 어떤 방식으로 민주적 개인주의의 역동성에 어느 정도 기여했느냐에 따라 설명되기 때문이다.

혼동 상태로 이끄는 이러한 경향은 리포베츠키의 최근 책에서 과격해졌다. 그 책에서 신토크빌주의 관점은 그 장점에도 불구하고 자신의 한계를 상당히 드러낸다. 우리는 앞에서 살펴본 연구서들을 통해, (자율성의 문화인) 근대 문화가 인류에게 행운을 가져오는 일이라면 위험한 난관에도 과감히 맞선다는 것을 알 수 있었다. 사실 개인의 신성화와 집단적 규범의 요구를 어떻게 조정할 것인가? 그 자체로 확실한 전통이 지배하던 사회들은 자율성의 이상을 단순히 독립성의 요구로 한정하여 급진전시킴으로써, 규범에 복종한다는 개념이 자유와는 양립 불가능하다고 인정하면서 막을 내렸다. 그러므로 리포베츠키가 윤리학의 문제에 도달한 것은 당연했다. 근대성의 가치들에 대한 신토크빌주의의 재검토는 결코 주제화되지는 않았지만, 앞선 작업들로 인한 이러한 문제점들을 해결하도록 애씀으로써만 풍부해질 수 있었던 것이다.

5. 개인의 윤리학?

최근 리포베츠키가 철저히 윤리학에 바친 작품은[24] 이러한 주제
화를 진전시킬 것인가? 나는 질문한 것을 후회한다. 최근 몇 년 동
안 (규범성에 대한 고찰을 암시하는) 도덕철학이 활기를 되찾았던
반면, 리포베츠키가 이번에도 단순히 주체의 자율성이라는 원리와
'후기-도덕적 민주주의'들의 강림을 동등하게 여긴 점을 고려할
때, 그는 한 단계 후퇴한 것으로 보인다. 이 야심 찬 책에서 실제
로 그가 우리에게 말하는 건 무엇인가? 무엇보다도 그는 윤리학의
세 시기가 있었다고 설명한다. 리포베츠키의 설명을 따라가 보자.

계몽주의 시대까지 도덕은 종교에 예속되어 있었다. 여기서 요
구된 덕성의 주요 동기는 인간에 대한 경외가 아니라 신의 의지에
대한 복종이었다.

1700년에서 약 1950년까지는 세속적인 근대 윤리학의 첫번째
물결이 펼쳐진다. 이때의 윤리학은 모든 이론적 기초에서 도덕을
해방하려 했지만, 종교적 단계의 '절대적 의무'라는 개념을 유지
한다. 칸트와 모든 개인적 요구의 희생을 향한 그의 호소로 상징되
는 윤리학의 **과도기적** 시기이다.

마침내 (희생의 가치를 기반으로 하기 때문에) 영웅적이고 오만하
며, 자기 희생과 순수한 무사무욕에 가치를 부여하는 두번째 단계
가 우리 눈앞에서 끝나고, 여러 가치들은 쾌락 및 **자기-이익**과 화
해한다. **의무**의 자리에는 이제 행복의 주문이 끼어든다. 요약하면
희생 정신보다는 책임감에 더 호소하고, 무엇보다 개인들의 권리

에 대한 상호 인식을 근거로 하는 자기 삭제 없는 윤리학이다.

이러한 시대 구분의 결과, 그렇게 많은 자유 공간을 확보한 개인들의 권리가 후기 도덕은 아니지만 이제부터 후기 도덕적이 된 문화 한가운데에서(어쨌든 가치는 존재하므로) 그 고유의 자유를 행사할 때 누구나 인정하는 유일한 한계가 있다는 것이다. 의무 없는 권리. 풍속이 무정부 상태에 빠지는 것을 거뜬히 피하면서(모든 게 허용되는 건 아니다), 그러나 잘 이해된 이익의 원리를 자신의 것으로 하는 '통증 없는 도덕'의 형태를 취하면서, 리포베츠키에 따르면 이렇게 하나의 질서가 재수립된다. 리포베츠키처럼 써보면(쓰려고 해보면), 윤리적 영웅주의가 적을수록 최근 '기업 윤리'가 그 모델이 되는 새로운 윤리적 장치에 따라 자동 제한될 수 있는 지적 이기주의는 많아진다. 명확히 말하면, 그 반짝이는 하늘에는 자아를 초월해서 빛나는 '의무'도 60년대의 '자유롭게 즐기세요'도 없고, 아리스토텔레스 철학의 의미에서 '신중한,' 빈틈 없는 경영, 예를 들면 상업적으로 매우 '이득이 있는' 깨끗함에 대한 요구를 더 잘 구현하기 위해 품질에 의심이 가는 자사 제품 광천수 수백만 병을 미국 시장에서 회수함으로써 '얻기 위해 잃을' 줄 알았던 페리에 기업의 경영이 있다.

우리 시대 도덕 문화에 대한 이러한 주장에 대해 무엇을 생각할 것인가? 솔직히 인정하자면 리포베츠키는 아주 많은 사소한 일들을 대상으로 하는 자신의 분석에 매력과 활기를 불어넣는 훌륭한 재능을 가지고 있다. 게다가 이 책은 텔레비전 중독증에 걸린 사람의 모습을 어부의 모습보다 우월하게 여기는 사회에서 도덕 자체가 매체를 탔던 방식을 비난할 땐 아주 감동적이다. 모금전화

텔레통(Téléthon)에서 리얼리티-쇼까지 관대함은 소비되고, 도덕
행위는 다른 많은 것들처럼 업적이 되었던 것이다.

　하지만 진정한 물음은 현대 도덕성이 이와 같은 '눈길끌기(spe-
ctacularisation)'를 부각시킴으로써 그 도덕성의 기능이 고갈되는지
검토하는 데 있다. 우리가 지금 도덕이 상연되는 사회라는 선택받
은 상황에 있다 하더라도, 어려움은 실제로 도덕적 이상을 구현하
는 인물들의 스타화에 힘입어 오늘날 가장 유명한 스타들이 피에
르 신부 혹은 테레사 수녀로 말해질 때, 어떻게 의무의 퇴조와 희
생 정신의 종말에 대해 말할 것인지 검토하는 데 있다. 아주 비꼬
기 쉬운 무료 급식 단체 '레스토랑 뒤 쾨르(Restaurants du cœur)'
에 대해 말해 보면, 나는 거기서 펼쳐지는 호의적인 행위에 더 이
상 희생의 도덕이 없다고는 보지 않는다. 거기서 깨닫게 되는 것
은, 리포베츠키가 시사하듯이, 어떤 단체에 참여하려는 개인의 욕
구라는 간단한 표현——여기에서 이기적 만족감은 이타주의를
능가한다는 것이다——이 논점 선취의 오류와 아주 닮아 있다는
점이다. 즉 이러한 잔치 기분을 추구하는 모습이 오늘날 왜 선택
적으로 노조, 혹은 정치의 전투적인 태도가 아닌 인도주의적 활동
에 더 큰 가치를 부여하는지 설명할 일이 남아 있다고 하는 만큼
그 표현은 더더욱 설득력이 없다. 덧붙여 나는 보기보다 중요한
반론을 제기하고자 한다. **텔레통**에 소액 기부금을 내는 일이 자기
실존의 도덕성을 결정한다고 누가 진지하게 믿을 수 있는가? 간
단히 말해 우리는 확실히 **매체를 탄 윤리학의 차원** 한가운데에서
인 통증 없는 윤리학에 직면해 있다. 그러나 나는 윤리학의 일상
적이고 사적인 차원에서는 의무가, 칸트가 생각했던 것만큼 협상

불가능한 것으로 저마다에게 남아 있다고 생각한다.

따라서 리포베츠키가 의무의 시기(따라서 개인성의 희생의 시기)에서 새로운 시대, 즉 윤리학과 이익, 도덕과 개인이 양립하는 시대로의 초월을 그릴 때, 그 진단은 결국 신토크빌주의 관점의 불충분함을 보여 주는 다음 세 가지를 이유로 내게 의심스러워 보인다.

1. 타율적이지 않고 본질적으로 근대적인 의무의 도덕은 사실상 의지의 **자-율**이라는 원리를 가장 잘 표현한 것이다. 이때 의지는 인간 누구에게나 있는 인간성의 상속분을 통해 스스로에게 부여했던 법에 개인성을 따르듯 복종한다. 개념의 모호성이 여기서 제 값을 치른다.

2. 의무의 윤리학인 자율성의 윤리학에 대면하여, 우리는 리포베츠키가 도덕 의식의 미래를 보게 되는 이익의 윤리학이 오히려 도덕 의식의 과거를 나타내는 건 아닌지 심각하게 자문할 수 있다. (정말로 결정적인) 이 점에 있어서, 나는 리포베츠키가 제안한 시대 구분을 완전히 부인해야 할까 봐 두렵다. 리포베츠키는 다음 원리로 이익의(혹은 개인의) 윤리학을 요약한다: "사적인 자유, 공적인 질서." (기업 윤리의 논리인 이 논리에 따라 페리에 기업이 공동선에 기여한 것은, 자사 제품 광천수에 최고의 깨끗함이라는 기준을 스스로 부과함으로써, 그리고 제 이익을 추구함으로써 가능해진다.) 하지만 이 원리가 (《꿀벌의 우화》에서 "사적인 악, 공적인 선"이라고 표현한) 만데빌레를 암시적으로 복원한 것은 단순한, 그리고 행복한(혹은 불행한) 우연의 결과가 아니다. 왜냐하면 리포베츠키가 제시한 모델은 분명 자유주의의 선구자들을 연상시키는데, 그들은 18세기에, 다시 말해 칸트가 주제화한 의무의 도덕이 완전히

출현하기 **이전에** 인간 개개의 이익을 모든 이의 선을 위한 유일한 원동력으로 삼을 수 있다고 믿고 있었기 때문이다. 간단히 말해 거기서 독립성의 윤리학을 바로잡았던 것이 의무의 윤리학이며, 그 반대는 아니다. 이처럼 리포베츠키의 시대 구분은 잘못된 것이다. 그것은 한 번 더 자율성과 독립성을 혼동함으로써, 다른 것과 똑같은 역사적 부정확성을 형성할 뿐이다.

그러므로 신토크빌주의는 자율성은 단순히 독립성의 확립을 통해서 얻어질 뿐이라고 확신함으로써 계속 혼동을 일으킨다. 이러한 확신은 아주 논리적으로 (그러나 아주 잘못되게) (물론 진정한 자율성의 윤리학인) 의무의 윤리학을 타율성이란 과거로 되돌리는 것 외에는 의미가 없다. 최근 고세가 루소의 이론과 같은 사회계약 이론들을 초기 정치적 근대성으로 설정하여 콩스탕을 루소보다 더 '근대적'이라 이름한 것도 바로 이러한 확신에서 비롯되었다.[25] 의고주의는 아마도 우리가 그것을 자리매김할 수 있다고 믿는 곳에는 없는가 보다.

3. 위 두 가지 반론을 통해 짐작할 수 있고, 이익의 의사—도덕을 위한 변론의 기초를 이루고 있는, 자율성과 자신을 향한 배려 사이의 놀랍고도 끈질긴 혼동에 대해 끝으로 무엇을 말할 것인가? 근대인들에게는 도덕성의 영역인 자율성의 영역이 열리기 위해서는 사적인 이익에 대한 검토가 지성을 발휘하는 것으로는 충분하지 않다. 잘 이해된 이익의 논리와 무사무욕 사이에는 어떤 심연, 즉 (지적이기까지 한) 개인주의의 형태 그 모든 것과 진정한 휴머니즘을 구분하는 심연이 존재한다. 나는 이 틈을 없애는 것, 혹은 감지하지 않는 일이 도덕성과 도덕이라는 가장 심오한 수수께끼를

차단하는 특이하고도 결정적인 징후인 건 아닌지 사실 두려운 것이다.

그렇다고 최근 진술들을 거치면서 첨예화될 뿐인, 신토크빌주의 입장에 내재해 있는 이리한 난관으로 인해 신하이데거주의 유형이라는 정반대 입장이 이 개인주의 논쟁에 참여할 것인가? 나는 다만 그러한 참여가 어떤 논거에 따라 지속되는지——이것은 내게 불가능해 보인다——를 상기시키기 위해 여기서 최대한 짧게 얘기할 것이다.

6. 신하이데거주의의 난관: 주체의 망각

오늘날 전형적인 신하이데거주의는 전통 세계와의 단절이 인류의 진정한 자립, 즉 진정으로 민주적인 문화의 강림을 보장하는 건 아니라는 생각을 고수하기 위해 기술에 대한 하이데거의 비판을 사용하려고 시도한다. 앞에서 신토크빌주의에 대해 반론을 제기했기 때문에, 나는 그 논거 전체의 소위 부정적인 측면을 염두에 두게 된다. 그렇지만 사용된 논거에는 내적 일관성이라는 점에서 기준 모델이 가지고 있는 어떤 모순을 가려 주는 긍정적인 측면 또한 있는 것 같다.

간략하게 살펴보면, (이런 점에서 일관성 있었던) 하이데거에게서 자율성의 가치와 민주주의 개념은 근대성을 전체적으로 비판하는 가운데 평가되었다. 철학(주체성의 형이상학)과 근대(휴머니즘) 문화에 대한 하이데거의 해체가 기술 시대의 강림, 즉 인간을 주체로 설정한 비극적이라고 전제된 시대의 강림만큼이나 자율성의 가치와 민주주의 개념을 어떻게 단호하게 묘사했는지 우리는 알고 있다. 달리 표현하면 하이데거는 자율성이라는 도덕 개념, 혹은 정치적 측면에서 민주주의 개념이 암시하는 자동 설립 차원을 인간을 **주체**/토대로 확립한 근대적 지평에 새겨져 있는 것으로, 정확히 말하면 근대 문화의 기술공학적 일탈의 경우로 보았다. 하이데거의 관점으로 볼 때 이 모든 측면에서 문제가 되는 것은 '자연의 주인이자 소유주'로서의 주체라는 데카르트 철학의 강림, 그것의 단순한 '연속'(Folgen; **뒤따르다**)이라는 점이다.

이런 의미에서의 모순은 대단히 방대해서 내 생각에는 극복될 수 없으며, 오늘날에 와서는 핑켈크로트 혹은 쿤데라가 개인주의의 의사-해방에 맞서 진정한 자율성을 옹호하기 위해 하이데거를 이용하는 데까지 이른다.[26] 근대성에 대한 하이데거의 비판에 내포된 모순은, 내가 말했듯이 그 비판이 주체성의 원리에 입각해서 근대적인 것을 다양하게 집결시키는 그 단호함에 있다. 절충주의라는, 철학적으로 모호한 덕성을 양산하게 될지도 모르지만, 우리는 이 단언하는 표현 방식들을 다시 받아들이지 않고서는 아주 적게나마 하이데거를 참조할 수 없는 것이다. 그렇지 않으면 그 참조는 지적으로 명확한 의미가 없는, 순전히 장식적인 일이 될 것이다.

요약하면, 원리와 가치로서의 개인의 확립이 오늘날 신토크빌주의 사조에서보다 더 많이 섬세한 의미들을 보여 줄 것이라 해도, 철학적으로 근거 있는 방식에 따라 그것을 이루기 위해서는 토크빌을 참조할 때도, 하이데거를 참조할 때도 찾을 수 없었던 개념적 도구들을 사용해야 한다. 따라서 하이데거와 토크빌의 영향권 안에서, 우리가 생각했던 것보다 주체와 개인이라는 근대적 표현이 더 분화되어 있었다는 사실에 무엇보다도 주의를 기울이면서 주체성의 또 다른 역사일 수 있는 것의 윤곽을 잡는 일이, 적어도 개인을 문제시하는 결정적인 순간에는 꼭 필요한 것으로 보인다.

III

개인주의의 철학적 기반
단자론의 시대

주체성의 분화된 역사를 찾아나서면서 우리는 1714년 라이프니츠가 쓴 《단자론》의 중요성을 간과할 수 없다. 그 책에는 실체를 개인성으로 해석하는, 소위 철학적 개인주의를 형성하는 확신이 펼쳐진다. 이를 통해 원리와 가치로 확립된 개인은 그 이론적 가능성과 근대성 한가운데에서 자신의 입지를 굳건히 세우게 된다.

1. 단자론의 모델

우리는 라이프니츠의 주요 주장을 알고 있다: 서로 **독립된**, 개별적인 혹은 개별화된 실재인 '단자들' 만이 존재하고, 그것은 "결코 무언가가 드나들 수 있는 창을 갖지 않는다." 단자적 단일성에 내재해 있는, 자기 자신을 향한 울타리라는 이 주장은 라이프니츠 철학의 내적 논리를 따른다. 한편 주체성이라는 개념의 미래에 있어서 어떤 결정적인 결과가 어떻게 거기서 비롯되는지 주목해야 할 필요가 있는 것 같다.

주체성의 개념은 자신의 행동과 표현의 토대일 수 있는 어떤 권리로 인류를 규정한, 근대 휴머니즘의 가치들과 밀접히 관련된 확신이라는 점에서만 의미가 있다. 철학적 근대성이 진실·법·역사의 인간적 토대를 생각했던 것은, 자동 설립이라는(따라서 자율성에 대한 가치 부여라는) 소위 인간의 권리를 인정함으로써 가능해진다.

이러한 주체성의 개념은 자신에게 돌발적으로 일어나는 모든 것을 스스로 생산하는 능력이 단자에게(다시 말해 실재의 실체 자체를 형성하는 것에게, 왜냐하면 인간적이든 그렇지 않든 라이프니츠에게 실재는 그 무엇이든 단자적인 것으로, 혹은 단자로 이루어진 것으로 보이기 때문이다) 있다고 하는 라이프니츠의 생각에 새겨져 있다. 즉 실재는 그 무엇이든 개별적이거나 개체성으로 이루어져 있고, 개체성은 저마다 단자적이고 본질적으로 유일하며 스스로를 향해 닫혀 있는 것으로 정의된다면, 그 자체에 돌발적으로 일어나는 변화들은(예를 들면 계속되는 표현들) 자신의 내적 역동성으로부터 생길 수 있을 뿐이다. 따라서 이러한 자기 자신의 지속적인 자동 생산과 자율성의 측면을 동일시하는 일, 그리고 예를 들면 데카르트 작품에서 인간 **자아**의 주체성을 규정했던 것을 실재 그 전체로 확장시키는 가능성을 라이프니츠의 단자론에서 읽어내는 일은 흥미롭다.

이러한 하이데거의 독서는, 그러나 아주 부정확하다. 이를 입증하기 위해서는 단자들의 상호 관계를 지배하는 질서의 위상을 살펴보는 것으로 충분하다. (라이프니츠 작품에서 이성의 요구와 마찬가지로 신앙의 요구가 가정하는) 실재 질서는, 자신들에게 상호적으로 부과되는 경계들을 다같이 설정하는 어떤 주체들에 의해 **자**

동-설립될 수 없다. 단자는 '창'이 없으므로 단자들 사이의 수평적 인과성이라는 개념 자체는 단자론의 모델에서 단번에 제외되기 때문이다. 달리 표현하면, 창조된 단자들 사이에 유지되는 존재론적 독립성은 **인간**이 규율을 부과하여(예를 들면 법의 형태로) 개체들의 자발성을 제한하고, 그렇게 최소의 질서를 실재에 도입하는 가능성을 차단한다. 그 결과 실재 질서의 진정한 토대는 단자론의 체제 그 자체로 이해될 수 있는 유일한 인과성, 즉 단자들의 자발성 사이에 조화를 미리 세워 놓은 신의 완전한 인과성 안에서만 발견될 수 있다. 이와 같이 단자적 개체성들은 기껏해야 아주 옛날부터 자신들에게 새겨져 있는, 자신들을 예정한 어떤 질서의 토대일 뿐이다.

이런 의미에서 라이프니츠의 자유는——칸트가 그것을 '일단 태엽이 감기면 스스로 움직이는 꼬치 회전기'의 자유와 동일시한 것은 틀리지 않았다——자율성, 즉 인간 자신이 스스로에게 부여했던 법에 복종하는 것과는 다르다. 그 자유는 개개의 단자가 자신의 존재를 구성하는 법을 수행하는 것으로, **자신 고유의 결정성을 자동으로 전개하는 것이지 그것을 스스로 결정하는 것은** 아니다. 본질적으로 주체 개념에 연결되는 자율성의 가치가 이렇게 모든 의미를 상실한 반면, 라이프니츠는 독립성이라는 개인주의의 중심 사상을 놀랍도록 향상시킨다. 세계 질서는 아주 옛날부터 단자 제각각의 자발성에 새겨져 있고, 그러한 세계 한가운데에서 우리는 "다른 모든 피조물들과의 영향력이란 점에서 볼 때 완벽한 **독립성**을 지닌다." 그 정도로 '우리 개체는' '독자적인 하나의 세계로서 자족적이며' '그 고유의 본성에 의해서만' 규제된다고 라이프니츠는 프랑스어로 쓴 것이다.(《실체들의 본성과 의사 소통에 관한 새로운 체제》, 1695) '결코 함께 의사 소통하지 않는 그렇게 많은 실체들' 사이에 처음으로 세워진 이 '완벽한 조화'에서, 다른 분야에서 토크빌이 연구하게 될 개인주의의 여러 주요 가치와 결정을 어떻게 보지 않을 수 있겠는가?

독립성으로 규정된 자유, 자기 충족성에 대한 가치 부여, '독자적 세계'인 개체성 확립을 위한 상호 주체적 의사 소통의 와해. 라이프니츠의 단자론은 데카르트가 그 형태(자동 설립, 자동 결정)를 설립했던 주체를 진정으로 와해시키면서 개인주의의 철학적 탄생에 조인한다. 이 최초의 순간을 지나면서 모습을 드러낸 개인주의는, 그 모든 결과물들을 낳을 때까지 계속 펼쳐질 것이다. 하지만 윤리적 방향에서 개인주의를 정당화하는 원리는 라이프니츠와 함께 확보된다. 자신의 본래적인 법에 복종하며 독립성을 지닌 개개의 개체는 자폐(自閉)를 통해, 그리고 자기 자신만을 배려함으로써 우주의 조화를 드러내는 것이다.

여기서 근대성은 동요한다. 자기 자신에 대한 예외적인 배려와 실재의 합리성에 대한 확립 사이의 모순은 처음으로 극복된 것이다. 미리 설정된 이러한 합리성은 그 '본성'을 실현하도록 개개의 '개체'를 예정함으로써 표현되기 때문이다. 천재적인 간계. 헤겔의 '이성의 간지'로 완벽해지는 전대미문의 지적 장치의 간계, 헤겔의 '이성의 간지'는 개인주의의 가치를 세계의 합리적 질서라는 개념과 양립시키면서 드러낸다.

2. 두 가지 근대성

라이프니츠에서 헤겔까지, 단자론은 말하자면 특수한 것과 보편적인 것 사이의 충돌을 마무리지으면서 금욕적 합리주의의 종말을 표명했다. 개인성은 합리성의 제단에 희생할 것을 강요받지 않게 되었고, 그렇게 최초의 근대성은 막을 내렸던 것이다. 개인성의 확립이 이성에 대한 근대적 가치 부여와 본질적으로 모순되지 않았음을 보여 줌으로써 단자론의 시대는 개인주의의 가치들을 예측할 수 없을 정도로 증진시켰고, 그것이 모든 가치를 총체적으로 전복시키지 않고 실현되었던 만큼 더더욱 강력했다. 이와 같이 개인주의의 논리는 이성에 대한 근대적 가치 부여와 맞물려 전개되었고, 마침내 어느 날 해방되어 합리성 자체의 가치들을 다시 문제삼을 만큼 충분히 명확해졌다.

개인성의 원리가 주체성의 원리보다 우위에 있고, 독립성이라는 '개인주의의' 가치가 자율성이라는 '휴머니즘의' 가치보다 우세한 제2의 근대성의 탄생을 표명한 라이프니츠와 헤겔을 지나면서 개별화 과정은 급진전을 이루었다. 라이프니츠의 예정 조화는 다시 개인의 독립성을 제한했다. 다른 피조물들에게 매여 있지 않은 개인은, 우주 계획의 창조자에 의한 '수직적' 결정으로부터 자유롭지는 않았던 것이다. 헤겔의 '이성의 간지'는 종속성의 원리를 내면화했지 제거한 것은 아니었다. 그러므로 종속성의 원리가 단자론이라는 장치를 통해 근대적 이성의 요구에 일단 통합되어 그 요구 자체를 위태롭게 하고, 마침내 구속인 것처럼 보이게 한 것은 개인주의의 논리 안에서였다. 이와 같이 개인주의가 이성의 가치를 필두로 근대성의 가치에 더 이상 순응할 수 없는 시간이 도래했다. 개인주의는 근대적인 모습에서 현대적인 모습으로 옮아가면서, 어떤 철학적 기획을 필요로 했던 것이다. 모든 가치를 변환시키려는 니체의 기획이 그것이다.

이 과정에서 철학적으로 표현된 것은 다른 분야에서도 표현되었다. 라이프니츠가 출판하지는 않았지만 《단자론》을 쓴 1714년에 만데빌레는 《꿀벌의 우화》에 주석을 단 교정판을 발행했고, 이것은 시장 경제 이론에 최초로 근접한 저서가 된다. 여기에서 이러한 우연의 일치를 말하는 것은 철학적 개인주의를 자유주의의 지적 기원으로 삼거나, 자유주의를 단자론의 구체적 진실로 여기는 어떤 시시한 인과론적 가설을 세우려 함이 아니다. 다만 이 공존 덕택에 라이프니츠에게서 문제시되었던 것이 단순한 사색의 일화가 아니었음을 우리는 손쉽게 파악할 수 있다. 휴머니즘에서 개인주의로 문화적 변화를 이룩하고 철학적으로 개인의 시대를 연 단자론은, 우리에게 이러한 변화의 논리와 그 영향력을 이해하고 가늠할 임무를 남겼다. 우리는 독립성의 원리를 향한 개인주의의 열광이 주체 개념을 자기 식으로 표현한 또 다른 근대적 요구(오히려 아주 근대적인 요구), 즉 자율성에 대한 휴머니즘의 요구에까지 그 모든 의미와 가치를 덧입히는 건 아닌지 검토해야 한다.

3. 자율성과 유한성: 개인의 목표가 된 주체

오늘날 자유 개념을 자율성이란 용어로 다시 받아들이는 어떤 실천철학이 심각한 반론에 부딪치지는 않으리라고 말할 수 있을까? 가장 눈길을 끄는 반론은 아마도 우리의 유한성과, 형이상학의 환상에서 깨어난 사유 전체가 이제 벗어날 수 없게 된 그 유한성의 근원성을 고려해서, 자율성을 통해 아주 낡아 버린 지배 계획이란 유물을 고발하는 논법일 것이다. 이렇게 레비나스는 칸트가 실천적 주체성의 본질로 삼았던 자율성의 측면이 아닌 다른 방법에 준거해서, 실천적 주체가 의무에 접근하는 방법을 재해석하려 했다. 스스로 자신의 법에 헌신하는 자율적 이성의 숭배에 맞서 이제 문제가 되는 것은 '고전적 휴머니즘'을 극복하는 일, 그리고 인간의 존엄성을 자율성으로 이해된 인간의 자유가 아닌 수동성에 설정하는 일이라는 것이다. 즉 타인인 다른 사람에게 접근하는 방법인 주체성은 '결정론과 구속이 번갈아드는 수동성 이전에' '주체성의 근원적 수동성에서 출발하는' 윤리학과 동시에 출현하며, '다른 사람이 결정한' 순간에 따라 '책임에 복종할 수는 없다'[27]는 내용으로 그 모습을 드러낸다. '선에 의한 지배' '선택의 불가능성' '책임의 규율' '이해되기 전에 수립된 질서에 대한 복종,' 레비나스에 따르면 이것이 '자유에 선행하는 완벽한 수동성이 책임'이라는 의미에서 자유가 없는 실천적 주체성의 본래적인 책임이다. 실천적 주체성은 자율성보다 훨씬 더 '예속적인 상태'이며, 따라서 '그리스인들도 우리에게 가르쳐 주지 않았던' '주체성의 타율성' [28]에 준거한다.

자율성에서 타율성으로 자유의 모습을 변화시킨 풍부하고 암시적인 이 시도는, 그러나 다음 두 가지 점에서 검토되어야 한다.

우선 실천적 주체성이 완벽한 예속 상태라면, 그러한 윤리적 경험의 목적성과 불가분의 관계에 있는 책임이란 개념이 어떻게 진정한 의미를 가질 것인가? 달리 말하면, 책임이란 개념과 공존하는 그러한 윤리적 기획이, 목표한 바는 아니지만 어떻게 자율성의 영역——이곳에서 도덕 주체는 타인에게 책임이 있다고 간신히 스스로 생각하게 될 것이다——에 준거하지 않겠는가? 역사를 살아낸 후 우리의 유한성에, 그리고 우리들 주체성의 균열에 직면해 있는 우리는 자율적이지 **않다니**, 어떻게 이것을 부인할 것인가? 그럼에도 불구하고 우리는 실천적 주체가 말하는 책임을 받아들이면서, 우리 자신을 우리들 행동의 주인으로 생각해서는 **안 된다**고 말할 수 있을까?

그 다음 무엇보다도 (칸트 작품에서 자율성의 원리라는 이름으로 적절하게 추진된, 행복의 도덕에 대한 비판이 증명하듯이) 주체의 자율성은 개인의 독립성이 아니므로 다음을 전제로 한다. 즉 나는 무한한 과정을 거쳐 특권과도 같은 이기적 성향(개인성)에서 나 스스로 빠져 나와 인류의 이타성에 나를 열면서, 나 자신이 '나 자신의 근원'이 되도록 애쓸 뿐이다. 이런 의미에서 내재성 속의 초월성인 자율성의 이상을 '완전한 울타리'라는 용어로 표현할 수는 없다. 자율성을 목표로 하는(주체로 새로워질 것을 목표로 하는) 개인은, 그 목표 자체로 인해 주체성의 구조를 지닌 모든 개인 존재들이 함께 하는 세계의 일원으로 스스로를 생각함으로써 자신의 단독성을 초월하는 것이다. 자율성이라는 목표는 완전무결한 주체라는 환상을 나타내기는커녕 다른 사람에게 접근하는 방법, 즉 의사 소통을 전제로 한다. 다만 그러한 접근 방법을 통해 목표가 된 자율성이 확보되면, 그것은 인류(주체들의 공동체)를 다음과 같이 규정할 것이다. 인류는 자신의 운명에 있어서, 자기 자신 외에 다른 어떤 것에도 종속되지 않고 자신을 결정지을 외부도 없는 공동체가 되는 것이다. 그렇지만 자율성에 대한 휴머니즘의 요구와, 근대성을 표명한 세계의 세속화 과정을 다시 연결하는 본질적인 방법은 바로 이러한 것이 아닐까?

그러므로 주체성 혹은 자율성이란 개념이, 《개인의 시대》에서와 마찬가지로 우리가 그 개념에 어떤 의미의 지평이라는 위상을 부여한다 할지라도, '완전한 울타리'[29]라는 용어로 표현될 수 없을 것이라는 반론에 나는 선뜻 답할 수 있다. 자율성을 목표로 하는(주체로 새로워질 것을 목표로 하는) 개인에 관해서는 나는 기꺼이 그 반론을 인정한다. 그러한 개인은 그 목표 자체로 인해 주체성의 구조를 지닌 모든 개인 존재들이 함께 하는 세계의 일원으로 스스로를 생각함으로써 자신의 단독성을 초월하기 때문이다. 이런 의미에서, 반복해서 말하지만 자율성이란 목표는 다른 사람에게 접근하는 방법, 즉 의사 소통을 전제로 한다. 아무튼 그러한 접근 방법을 통해 목표가 된 자율성이 확보되면, 그것은 인류(주체들의 공동체)를 다음과 같이 규정할 것이다. 인류는 자신의 운명에 있어서 자기 자신 외에 다른 어떤 것에도 종속되지 않고, 자신을 결정지을 외부도 없는 공동체가 되는 것이다. 만약 목표한 것의 의미가 이렇지 않다면, 무슨 이유로 자율성에 대해 말할 것인가?

결 론

개인의 목표가 된 주체, 혹은 개인의 지평으로서의 주체를 생각할 것. 이와 관련해서 나는 다음 세 가지를 지적하고자 한다.

1. 내 생각에 이러한 작업은 형이상학적이거나 비형이상학적인 독단론의 종말 이후 철학적 노력을 구조화해야 하는 문제에 대처하는 것과 같다. 주체의 파괴와 주체의 건립으로 생긴 환상이 일단 사라진 오늘날, 어떤 방법으로 주체를 생각할 것인가? (자율성으로서의 주체성을 끔찍하게 부정한다는 말로밖에 표현할 수 없는) 전체주의에 분명히 맞서, 또한 우리 민주주의 사회가 개인주의로 일탈하는 현상에 직면해서 주체 개념이 표현하는 자율성에 대한 휴머니즘의 요구는 확실히 그 의미를 간직하고 있다. 누구나 이 사실을 인정한다. 우리는 우리 사회의 개인주의적 일탈로 인해 다양한 분야에서, 독립성의 숭배에 윤리적 혹은 법적 한계를 설정할 수 있는 안전 장치를 모색해야 하는 것이다. 독립성의 숭배는 토크빌이 그 위험을 감지했던 여러 현상을 과장되게 낳을 수 있다. 하지만 규칙과 규범이 전적으로 이타성에서 생길 수 없는 민주주의 시대에 자율성의 체제를 동반하지 않는다면, 어떻게 법이나 윤리를 생각할 것인가? 개인성이 주체성으로 승격될 수 없다면, 어떻게 공동의 규범에 근거한 의사 소통을 도시에서 생각할 것인가?

주체 개념은 정확히 말해서 개인이란 개념으로 축소되지 않고 반대로 개인성의 초월을 내포하기에 상호 주체성, 즉 원리와 가치의 공동 영역에 근거한 의사 소통을 그 자체에 포함한다. 오늘날 주체를 다시 생각하는 일이 문제가 되는 것은 주체성과 상호 주체성 사이의 이 본질적 연관을 통해서일 것이다.

2. 오늘날 주체를 생각하는 데 아주 중요한 이 연관은 주체성의 역사에 대한 가장 힘 있는 설명인 하이데거의 해석에서 벗어날 수밖에 없다. 하이데거는 데카르트에서 니체까지 주체성의 역사 전체를 주체의 지배가 계속 강화되었던 것으로 읽기 때문에 주체성과 개인성 사이, 휴머니즘과 개인주의 사이에 자리잡고 있던 긴장에 주의를 기울일 수 없었다. 그 증거로 그가 《휴머니즘에 관한 서신》과 《숲 속의 길》(《아무곳에도 이르지 않는 길》)에서 개인주의를 휴머니즘의 단순한 변이로, 즉 동유럽의 휴머니즘이 집산주의 형상을 취한 바로 그때 서방의 휴머니즘이 취한 모습으로 여겼던 방식을 들 수 있다. 거기서 그에게 문제가 된 것은 결국은 등가인, 군림하는 주체의 두 얼굴이었다. 내가 보기에는 바로 여기에 아주 심각한 오류가 있다. 즉 (그러한 관점은 정치적으로 큰 재앙을 초래하는 방법인, 자유민주주의와 전체주의가 근본적으로 다르지 않다고 생각하는 것 외에도) 동질화된 근대성이 직면한 난관을 '근대적인 것' 특히 자율성이라는 원리와 휴머니즘이라는 주제를 전적으로 거부하는 것과는 다른 방법으로 치유하려는 노력을 차단하는 아주 심각한 오류를 범한다. 그것은 민주주의를 짓누르는 외적 혹은 내적 위협에 대해 오늘날 다시 주체성에 준거해서 비판할 수 있는 가능성을 차단하는 **근원적 반근대주의**를 낳는다.

3. 이런 관점에서, 내가 상당 부분 공감하는 철학적 시도들이 오늘날 '주체 패러다임' 혹은 '의식의 패러다임' 의 고갈을 당연시할 때, 나는 어떤 당혹감을 느낀다. 이렇게 말하면서 나는 인간의 의사 소통에 관한 필연적 승인이라는 이름으로 주체철학을 폐기 통고하는 현대적 사유 가운데 가장 최근 형태를 물론 염두에 두고 있다. 하버마스가 옹호하는 이러한 견해들은 주체성의 원리에 대해 편파성을 보여 줄 뿐 아니라, 주체와 개인을 계속 혼동함으로써 철학적·지적 전략에 있어서도 유감스러운 오류를 범하는 것으로 보인다.

《근대성의 철학적 담론》(1985)에서 하버마스는 사회적·심리적·언어학적 구조라는 장치에 사로잡혀 '인간의 죽음' 을 주장했던 현대 담론들을 그 형성 과정을 통해 평가하고자 한다. 그것은 페리와 내가 하버마스에 비하면 완전히 자율적인 방식으로 우리의 《68 사상》(1985)에서 펼쳤던 것과 적어도 그 정의에 있어선 아주 가까운 기획이다. 독일에서 우리의 책이 번역됐을 때〔《반휴머니즘 사상 *Antihumanistisches Denken*》, Hanser, 1987〕 대체로 '하버마스적' 이라고 받아들여졌던 사실은 이로써 설명된다. 그것은 놀랄 만한 판단의 오류로, 나는 여기서 그 면모를 밝히고자 한다.

자신의 기획을 잘 추진하기 위해 하버마스는 독일에서 (특히 만프레드 프랑크가) '신구조주의' 라 이름했던 것, 즉 니체-하이데거주의 전통에서 비롯한 (특히 프랑스의) 다양한 사조들(바타유·푸코·데리다·들뢰즈·리오타르 등)의 기원을 검토한다. 이를 위해 그는 자신이 18세기말에 생겼다고 생각한 철학적 전환에까지 거슬러 올라간다. 그때까지 근대성은 주체 패러다임을 정돈·확립했는데, 그때 주체는 자신에 대한 성찰에서 출발하여 의식임을, 또 자유임을 자처하며 객체들의 세계에 대립한다. 하버마스에 따르면, 이 고전적 도식은 어떤 모순으로 인해 서서히 마모되었다. 거기서 주체는 객체와 분리된 것으로, 그러나 이와 동시에 예전과 같은 것으로, 즉 완성되기 위해 자신이 아닌 것과 관계를 맺어 제 힘으로 그것을 이해하고 변형시키려는 것으로 받아들여졌던 것이다. 이처럼 위험한 난관에 노출된 이 장치의 주된 원칙들은 연이은 공격의 물결에 굴복했다. 하버마스는 자신의 책에서 그 과정을 집요하게 상기시킨다. 약 2세기 전부터 근대성에 내재한 반대-담론이 존재했다. 칸트는 최초로 계몽주의 시대를 재검토하려 했다. 칸트 이후 스스로에 대한 근대성의 비판적 고찰은 계속 급진전했다. 의식철학의 논리적 궁지에서 벗어나기 위해 헤겔은 좀더 포괄적인 이성을 통해 근대적 이성이 초래한 주체와 객체의 분열을 초월하리라 생각했다. 마르크스가 연장한 시도, 그는 사회적 실천을 통해 구체화된 이성은 현실과 화해하리라 생각했다. 반면 니체로 인해 주체와는 이질적인 것을 이성에 포함시킨 근대적 주체라는 기획 그 자체에 이의를 제기하는 비판 양식이 출현했다. **자아**와 그 자아의 **타자** 사이의 분열을 극복하는 것보다, 이제부터는 **절대**임을 자처한 주체성에 의해 부인된 혹은 잊혀진 **타자**를 다시 나타나게 함으로써 이성이 억제하려 했던 것을 해방하는 일이 문제였던 것이다. 그런데 하버마스가 현대 철학 전체에 대해 매혹적인 재건축을 제안한 것은 이러한 니체적 몸짓에서 출발한다. 이와 같은 이타성의 해방은 다음 두 가지 방식으로 이해되었다고 하버마스는 설명한 것이다.

　—— 그 하나는 하이데거와 데리다에게 연결되는 것으로, 주체가 더 이상 축소시킬 수 없는 '차이'를 동일성을 유지하려는 이성의 횡포에 대립시켜야만 했다. 현실의 수수께끼 같은 차원——존재, 혹은 실존의 차원——에 있으며, 인식하는 주체에 의한 객체와의 모든 동일시에서 미끄러져 비켜나는 하이데거의 존재론적 차이. 의미 작용 과정은 표현으로서의 시니피앙/시니피에로 인식될 수 있는 그러한 본래의 시니피에에 결코 준거하지 않는다는 사실을 지적하면서, 데리다가 언어 그 자체에 다시 설정한 차이.

　—— 한편 니체의 다른 후예는 바타유를 거쳐 푸코에게서 완성된다. 이성으로부터 완전히 해방되어야 하는 이타성은, 따라서 권력으로의 혹은 바타유가 '최고 권위(souveraineté)'라 이름했던 것으로의 도약인 삶, 그것의 이타성으로 나타난다. 이러한 측면에서 근대성에 대한 비판은 권력, 지배, 지배가 야기하는 저항에 대한 고찰 전체로 이어졌다. 푸코의 작품은 아마 그 가장 좋은 예가 될 것이다.

　현대 철학에 대한 이러한 분석은 내게 아주 흥미롭다. 그것은 60년대 프랑스 사상이 결코 **그 시대만의 특별하고도** 폭발적인 현상이 아니었으며, 따라서 정확한 위치에 다시 자리매김함으로써만 우리가 그 사상을 평가할 수 있다고 표명한다: 부수적 결과라는 위치, 독일에서 근대성에 대한 철학적 반대-담론을 형성했던 만큼 가끔은 재능 있는 위치. 반면 이러한 분석에 대한 비판적 측면에 나는 훨씬 더 신중해질 것이다. 우리가 생각할 수 있는 것과는 반대로, 하버마스가 프랑스 철학을 비난하는 이유는 그것이 주체 개념을 와해시키려 했기 때문이 아니라(이것은 내가 개인적으로 데리다나 푸코를 비난하는 이유이다) 주체 개념에 진실로 도달하지 않고 고갈된 하나의 패러다임에 갇혀 있었기 때문인 것이다. 하버마스에 따르면, 전제적 이성에 대한 완벽한 부정을 추구하는 신구조주의자들은 실제로 그 전복된 이미지만을 생산한다. 즉 모든 진실과 모든 가치의 토대이고자 했던 근대적 의식의 신기루에서 벗어나기는커녕, 그들은 그 근대적 의식에도 미치지 못한 채 진실 혹은 선이 그 마지막 근거로 삼는 좀더 심오한 층위(존재, 권력 의지, 권리)만을 끌어낸다. 말하자면 형이상학적 주체의 기본 기능을 간직한 초(超)주체. 간단히 말해 초주체의 그늘에 머물기 위해 우리는 여기서 주체철학이란 지평을 뛰어넘을 수밖에 없으며, 따라서 패러다임의 급진적 변화를 통해서만 근대적 사유 전체가 봉착한 곤경에서 진정으로 벗어날 수 있다.

누구나 알고 있듯이, 하버마스와 아펠은 '토론의 윤리학'이란 틀 안에서 그들이 '주체에 집중된 이성' 대신 사용한 '소통을 촉진하는 이성'이란 개념을 통해 오래 전부터 이러한 갱신을 모색한다. 잘 알려진 이 주장에 대해 여기서 부연할 필요는 없을 것이다. 이성을 언어와 무관한 것으로 이해한 근대 철학은 자아와 자기 자신과의 관계, 그리고 자아와 대상과의 관계에서 출발해서 **자아**를 생각했다고 하버마스는 평가한다. 반면 현대적 사유의 '언어학적 전환'은, 그에 따르면 **자아**가 개인 상호간의 관계로부터 형성될 뿐이라고 여기게 한다. 그리하여 부인되는 듯한 곳에서까지 지금껏 지배적이던 주체 패러다임 대신에 (언어가 중재하는 상호 작용에 참여한 이들 사이에 형성되는) 상호 이해의 패러다임이 요구된다.

(주체철학을 서서히 마모시킨다는 악에 대한) 이러한 진단과 (그것

을 치유할 수 있다고 하는) 이러한 예측은 오랜 논쟁을 불러올 것이다. 나는 그것에 대해 부연하지는 않고 다만 하버마스의 입장에서, 개인 및 개인주의라는 문제와 주체와의 관계에 있어서 주체 개념에 대한 논쟁을 너무 일찍 차단시키는 듯한 이중의 판단 오류를 드러내고자 한다.

첫번째 판단 오류는 역설적이고 공교롭게도 푸코-데리다주의자들의 오류를 반복한다. 의식과 (아무도 다시 연출하려 들지 않는) 지고의 자유에 대한 환상이 한번 무너졌다고 해서, 하버마스가 믿은 것보다는 더 이질적인 방식으로 주체철학들이 표현했던 자율성의 이상을 포기해야만 하는가——나는 앞에서 이러한 물음을 정당화했다——? 자율성의 이상을 전적으로 포기할 때 그 결과가 틀림없이 치명적이라면(특히 법과 윤리를 생각하는 데 있어서), 68 사상의 성향을 확장시키기보다(이것은 결국 자율성의 이상을 여전히 이해하지 못하고 하버마스가 행한 일이다) 새롭게 주체를 다시 생각하는 일이 바람직하지 않을까? 내 생각에 여기서 하버마스는 가장 중요한 오늘날의 철학 임무를 잘못 판단하고 있다.

두번째 판단 오류가 첫번째 것을 설명해 줄 것이다. 하버마스는 주체 혹은 의식의 패러다임을 시대에 뒤진 것이라 믿는 것이다. 그것은 유아론적(唯我論的) 패러다임이고, '언어학적 전환'(이것은 언어가, 다시 말해 다른 사람과의 관계가 자기 자신과의 관계를 불러일으킨다는 뜻이다) 이후로는 어떤 타당성도 없다고 그가 생각하기 때문이다. 급진성의 매력을 지닌 진단, 그런데 나는 거기서, 주체성의 역사에서 주체에 대한 사유는 모두 데카르트의 자취 안에 나타났던 것인 양 실제로 유아론적인 데카르트의 코기토를 주체 개념의 진실로 만드는(말하자면 하이데거 방식으로), 주체성의 역사에 대한 새로운 동질화, 그것에서 생긴 어떤 경멸을 본다.

데카르트의 주체성이 출현하면서 시작되는 근대 철학의 어떤 경향 전체가 유아론이란 방향으로 기울어진 것은 분명하다. 데카르트 철학보다 더한 것은——내가 시사했듯이——아마 라이프니츠의 단자론일 것이다. 단자론은 서로 엄격히 독립되어 '결코 함께 소통하지 않는' 단자들 사이에 그들 '공통의 원인'인 신으로부터 유래한 질서 혹은 '조화'가 있다고 상정함으로써 유아론을 표현한다. 단자적 개체성들이 소통 없이 자기 충족성 안에서 공존하는 라이프니츠의 세계와, 사회의 미립자화라는 역동성과 '개인의 독립성'——콩스탕의 표현으로, 그는 이것을 근대인들의 자유의 표지라고 생각했다——에 대한 숭배를 지나온 것으로 토크빌이 묘사한 민주주의 세계, 이 두 세계 사이에 형성된 놀라운 유추를 여기서 재검토하지는 않을 것이다. 하지만 이 유추가 일단 인정되면, 하버마스가 믿는 대로 소통을 억제하는 이러한 상황이 반드시 주체철학의 수동성에 이르게 되는지 질문해야 한다.

그 물음은 라이프니츠의 단자론이 진정으로, 하이데거가 생각했던 대로(지금껏 본 대로라면, 또한 하버마스가 생각한 것처럼) 철학적 근대성 전체를 지배한다는 주체 패러다임의 만족스러운 예가 되는지 자문하는 것과 같다. 우리는 이 책 앞장에서부터 이것을 이해하게 되었다. 이제 모든 것이 명확해지는 듯하다. 주체성은 근대 휴머니즘과 함께 나타난 모습 그대로 다음 두 가지 특성으로 규정된다. 그 하나는 자기 성찰(자기 자신에 대한 투명성)이며, 나머지는 자동 설립, 다시 말해 자기 행동에 대한 법을 스스로에게 부여하는 자율성이다. 그런데 무의식 개념의 철학적 출현인 라이프니츠의 '미세 지각' 혹은 '무의식적 지각' 이론이 개입하여 '주체'와 주체 자신의 관계 속에 넘을 수 없는 불투명성을 도입함으로써, 인간 주체는 이미 근원적인 균열을 받아들인다. 무엇보다 이 점이 중요한 만큼 다시 살펴보아야 한다. 자동 설립 개념은 여기서 모든 의미를 잃는 것이다. 단자론에서 실재 질서는 단자를 예정하는 법을 통해, 즉 단자와 다른 모든 것들과의 조화라는 원리를 통해 개개의 단자에 새겨져 있는 신의 인과성에 준거하기 때문이다. 따라서 라이프니츠의 단자와 관련 있는 것은 자율성이라기보다, 오히려 단자 고유의 결정성을 자동으로(완전히 독립적으로) 전개하는 것이다. 간단히 말해 단자론은 휴머니즘과 주체성의 가치보다는, 독립성이 자율성보다 우위에 있는 개인주의의 가치에 연결된 것으로 보인다.

하지만 우리가 정성스럽게 주체와 개인, 자율성과 독립성, 휴머니즘과 개인주의를 정확히 구별하려 한다면, 주체 개념이 개인이란 개념으로(자신의 단독성에 머물러 있는 **자아**의 개념으로) 축소되지 않고 반대로 **자아**의 개인성에 대한 초월을 암시하는 한, 그 자체에 상호 주체성, 즉 공동 영역(이론적인, 혹은 실천적인 진실의 영역)에 근거한 의사 소통을 포함하고 있음을 어떻게 알아보지 못할 것인가? 주체 개념이 (개인주의의) 독립성의 가치가 아닌 (휴머니즘의) 자율성의 가치에 상응하는 한, 그것은 본래 그 자체에 다른 사람과의 관계를 포함하고 있다. 자율성의 요구를 표현하기 위해, '나는 내가 스스로에게 부여한 법에 복종한다'라고 말할 때, 법을 스스로에게 부여한 '나'가 그 법에 복종하는 '나'로 환원될 수 없음은(정확히 말해 주체가 개인으로 환원될 수 없음은), 사실 주체를 주체이게 하는 인류와의 이러한 관계를 주체가 고려하고 있다는 것을 의미한다.

따라서 내 생각에, 하버마스는 인류에 대한 고찰 가운데 다른 사람과의 관계를 재도입하려면 유아론적이라고 전제된 주체 패러다임에서 벗어나야만 한다고 믿음으로써 특이한 관점의 오류를 범한다. 우선 역사적인 오류: 주체성에 상호 주체성을 새겨넣고 그것을 명백히 주제화하기 위해, 그는 주체성의 역사에서 철학들 특히 칸트와 피히테의 작품들을 빠뜨리지 않았다. "인간은 인간들 가운데서만 인간이 된다" 혹은 "인간이란 개념은 한 개인에 대한 개념이 아니라 유형의 개념이다"라고 주장한 칸트와 피히테는, 이를 통해 유아론이 보여 주는 주체의 주체 자신에 대한 환상을 드러내는데, 이것은 그들 연구의 마지막 부분을 차지한다. 확실히 가능한, 그러나 필연적이지 않은 환상, 칸트와 피히테는 해체를 통해 주체 형이상학을 실행하는 비판철학이 상호 주체성을 주체성의 조건으로 다시 출현시킴으로써 그 환상을 극복할 수 있다고 생각한 것이다. 이런 의미에서 유아론적이기 때문에 고갈된 것으로 전제된 하나의 패러다임으로 주체철학들을 동질화하는 일이 진실로 정당화될 수 있는지, 단순히 역사적인 관점에서조차 확실하지 않다.

그런데 더 심각한 것은 하버마스의 오류가 또한 전략적이며, 가능한 철학 임무까지도 제한한다는 사실이다. 오늘날 문제가 되는 것이 철학의 권리를 상호 주체성이나 의사 소통에 관한 진정한 사유로 다시 설정하는 일이라면(나는 이것에 기꺼이 동의한다), 그러한 목적에 가장 적합한 방식은 주체 패러다임에서 벗어나려는 것이라기보다, 주체 패러다임의 개인주의적 붕괴에 맞서 비판적인 방법으로(즉 주체 패러다임이 야기할 수 있는 환상들을 고려하면서) 그것을 아주 특별하게 재구성하려고 한 번 더, 아니 그보다 더 많이 시도하는 데 있을 것이기 때문이다.

우리가 대체로 너무 쉽게 동질의 것이며 일의(一意)의 것이라 여겼던 인류에 대한 근대적 개념을 그 역사에서부터 새롭게 문제시하는 일은 꼭 필요하다. 그럼으로써 우리는 주체와 의사 소통을 문제시할 때——나는 이 둘이 분리할 수 없는 것이라 마음속 깊이 믿고 있다——모든 동질화된 (하이데거의, 혹은 하버마스의) 독서들이 야기한 이런 유형의 오해 혹은 경멸을 피해 갈 수 있다. 인류에 대한 근대적 개념이 ('유아론적'이라고 전제된) 하나의 지적 장치에 반드시 포함된다고 볼 수는 없다. 그러므로 인류 역사에서 휴머니즘의 여러 근대적 모습들과 여러 근대적 휴머니즘들을—— 이 모든 것이 같은 자격, 혹은 같은 신분으로 의사 소통의 관점과 양립할 수 있는 것은 아니다——구별하는 것을 배워야 한다. '주체성의 형이상학'을 공들여 만든 하이데거와, 근대성이라는 주요 지적 장치를 나타내기 위해 그것을 복원한 하이데거의 후예들은 철학적으로 근대성이 분화되어 펼쳐졌음을 깨닫지 못한다. 그렇기 때문에 그들이 하나의 '주체 패러다임'에 준거한 사실도 조작적인 것으로는 보이지 않는다. 이 두 경우에 있어서 우리는 일종의 '철학적 장애물'(우리가 최근에 '인식론적 장애물'에 대해 말했던 그런 의미로)을 만나게 되어, 논쟁과 주장의 전개에서 벗어나지 못한 채 주체 논쟁을 펼치게 되는 것이다.

우리가 알게 될 이 주체 논쟁은 그야말로 학구적이어서 그 쟁점이 적정한 관심을 훨씬 넘어서는 게 사실이지만, 그 범위를 좁히면 근대인들이 철학적으로 수립했던 여정을 다시 표현한다. 주체라는 문제에 대한 고찰은 본래 철학역사가들과는 관계 없으며, 근대성에 대한 새로운 비판의 토대를 형성할 수 있을 때에만 그 목적을 이룰 것이다. 찬란한 미래라는 마르크스적 환상의 붕괴는 한동안 하이데거주의 유형의 신보수주의 비판에 그 모든 기회를 부여하는 것처럼 보일 수 있었다. 하지만 여기서 강조되었던 하이데거주의의 난관은 신보수주의 비판에 내재해 있고, 이러한 사실은 하이데거 자신에게 있어서 이 비판이 정치적으로 연루될 수 있었던 충분한 이유가 된다.

마르크스주의 비판과 그 비판의 스탈린주의적 '일탈'과의 연루가 우연이 아니었던 것과 마찬가지로, 결국 그러한 연루도 우연의 산물이 아니었다. 찬란한 미래, 혹은 전통주의의 반발이란 이름으로 이행된 근대 세계에 대한 전체적 비판인 신보수주의 비판은, 당연히 반휴머니즘이기 때문에 민주주의의 기획에서 형이상학적 이데올로기, 혹은 형이상학적 환상의 원형 자체를 읽어낸다. 이런 의미에서 이와 같은 비판 양식은 구조적으로 근대성의 장래를 떠맡을 수 없다. 휴머니즘의 과제인 주체 문제에 있어서 오늘날 가장 시급한 쟁점들은 바로 여기에 있다. 이 외적인(외적이기에 또한 전체적인) 비판과 오늘날 '대독 협력 정책 동조자'의 지지 사이에 현대 사회들에 대한 또 다른 논쟁의 공간을 마련할 것.

이와 같은 신보수주의 비판을 포기하는 것은 거의 문제가 되지 않을 것이다. 오히려 민주주의 세계는 그 세계가 한결같이 유지될 수 없는 징후를 계속 내보이고 있다고 하는 수수께끼 같은 사실을 적어두고 확인하는 일이 중요하다. 약 15년 전부터 어떤 방향 전환이 프랑스에서 시작되어, 가장 훌륭한 우리 지식인들 사이에서 후기 푸코주의라 말할 수 있을 비판 활동이 출현했다. 그것은 근대 세계의 제도들(학교, 교회, 법원)을 단순히 사회악으로 통용시키는 것을 그만두고, 근대성의 요구 자체에 좀더 충실할 수 있는 그 운행 조건에 대해 좀더 책임 있게 자문하고자 한다. 이러한 변화는 그 원리에 있어서 이 비판의 파괴적 잠재력을 거의 약화시키지 않는다. 그 잠재력은 현재의 원리와 가치들을 등지더라도, 최근 우리가 먼 미래나 잃어버린 과거에서 길어내리라 생각했던 잠재력과는 다르게 위압적일 수 있기 때문이다. 하지만 그러한 파괴적 잠재력이 유지되려면, 어떤 조건들이 완전히 채워질 수 있어야 한다. 나는 이 짧은 고찰을 통해 이러한 개인주의(신토크빌주의) 패러다임——이 패러다임이 최근 제일선에 부각되었을 때, 지식인들은 대개 책임의 윤리학으로 전향했다——으로 근대 세계를 이해할 경우, 어떤 이유로 그것이 시기적절하지 않은지 보여 주고자 했다.

　이러한 비판 양식의 변화를 정당화하기 위해서는 민주적 사유 전체에 내재해 있는 주체라는 기준에, 오늘날까지도 대체로 부족한 정당성과 정확성을 제공할 수 있어야 할 것이다. 하이데거주의 전통이 주체성의 형이상학과 휴머니즘을 혼동함으로써 생긴 정당성의 부족. 신토크빌주의가 주체와 개인, 휴머니즘과 개인주의, 자율성과 독립성을 동일시함으로써 생긴 정확성의 부족. 짝이 되는 이 용어들을 명확히 인식하지 않고 현재에 대해 묻는 것은, 근대 세계의 뿌리 깊은 이질성을 드러냄으로써 근대 세계와 그 세계의 제도 및 문화에 대해 좀더 차별화되고 올바르게 이해하도록 하는 개념적 도구들을 스스로 차단하는 일이 되는 것이다. 이러한 결핍이 아주 비싼 대가를 치를 위험이 있는 것은 수많은 '실천적' 문제들과 관련해서임을 나는 덧붙이고자 한다.

그 위험을 검토하기 위해 개인주의 사회에서 합법적인 것과 비합법적인 것 사이의 **경계**들에 대한 물음이 야기하는 아주 까다로운 문제로 되돌아가자. 전통의 지표들이 사라져 버린 사회에서 가능한 선택의 영역은 무한해지고, 그로 인해 개인은 자신이 어디까지 갈 수 있고, 또 가야만 하는지 검토하는 물음과 당연히 마주친다. 그 물음은 발육에 결함이 있는 신생아의 삶을 조용히 중단시키는 것, 생물학적인 어머니의 어머니 혹은 자매일 수 있는 대리모에게 태아를 맡기는 것, 어머니의 태내(胎內) 임대를 중개하는 것, 담배에서 마약으로 이어지는 **연속체**에 근거하여 마약의 비합법적 소비가 시작되는 지점을 설정하는 것과 관련된다. 이것은 금지의 경계를 정성껏 긋기를 바라는 사회와, 마약·태아·대리자궁 등으로 하나의 시장을 형성하는 데 있어서 이제부터 유연한 선택의 다양성 앞에 자리한 개인과 관련된 물음들이다.

우리가 이들 물음에 답하기 위해 여러 개념을 깊이 검토해 보면, 적어도 개인의 독립성이라는 용어로 이해된 자유 개념이 얼마나 빈약한 고찰을 낳는지는 명백해질 것이다. 그러한 자유 개념으로, 특히 마약 중독의 경우처럼 정당화되기 위해 개인적인 자유를 반환 청구하는 실천들 혹은 행동들에 어떻게 경계를 둘 것인가? 게다가 '개인의 자유는 타인의 자유와 만날 때, 그 만남을 자신의 경계로 한다' 라는 논리적 궁지를 해결하는 가장 일반적인 방식은 마약 중독의 경우에 거의 적용되지 않는다. 그 경우는 한 개인과 타인의 관계보다는 개인과 자기 자신의 관계가 더 많이 개입하는, 아주 사적인 행동들에 경계를 두는 일이 문제가 되기 때문이다. 그 결과 방금 언급한 어려움은 이제 그 방임주의적 담론을 북돋우기에 알맞은, 진정한 논리적 궁지를 형성할 위험이 있다. (독립성으로서의) 자유를 최고 가치로 삼는 사회에서, 자신의 실존을 자기 마음대로 하고 자신을 스스로 경영하며, 심지어 자기 자신을 넘어서는 곳까지 갈 수 있는 저마다의 권리, 그것을 표방하는 행동들에 어떻게 안전 장치를 둘 것인가?

이러한 개인주의 패러다임의 난관에 대면하여, 여기에 윤곽만을 그려 놓은 고찰을 통해 나는 민주주의 사회에서 경계를 설정하는 일이 평등과 함께 그 사회 최고 가치를 형성하는, 자율성으로 이해된 자유라는 이름으로서만 고려될 수 있음을 보여 주려 했다. 이제 막 언급한 논리적 궁지는, 사실 개인주의의 현혹에 몸을 맡긴 우리가 자유를 독립성이라는 '규제 없는 자유'로 축소시킬 때에만 생긴다. 반면 개개의 개인성을 초월한 우리가 서로 조화를 이루며 소통하는 근거로서의 가치와 규범, 그 가치와 규범의 세계를 형성하는 자율성의 윤리학이란 이름으로, 모든 규범을 거부하고 독립성이란 가치만을 돌보며 자신만을 배려하는 개인주의적 일탈을 문제삼는 일이 어떻게 정당화되지 않겠는가? 좀더 구체적으로 말하면 개인의 독립성과 주체의 자율성 사이의 이러한 구별만이 근대적인 틀 안에서 경계 기준을, 예를 들면 마약 소비 분야에서 합법적인 것과 비합법적인 것 사이의 경계 기준을 최소한 생각하도록 하는 방법들을 제시한다.

실천적 차원에서 채택된 해결책은 대체로 다음과 같이 주장하는 모습으로 나타난다. 즉 어떤 물질들을 소비하는 행위가 개인으로 하여금 현실에서 자신의 독립성을 확립하도록 허락한다 해도, 그 소비 행위는 제품을 파는 이들처럼 소비된 제품에 대한 종속성을 벗어날 수 없다. 올바른 견해, 하지만 독립성과 종속성의 이와 같은 유기적 결합이 담배와 의존성이 강한 마약에 똑같이 적용된다는 점, 그로 인해 담배와 마약의 소비와 판매가 그 내용물을 밝히지 않으면 똑같이 취급될 것이라는 점에서는——이것은 비합법적인 것이 어디서 시작하는지를 물을 때 탐구 대상이 아니다——적절하지 않은 견해이다. 조작 기준을 마음대로 하기 위해서 마약의 경우보다 담배의 경우가 종속성이 덜 심각하다고 주장하는 것으로도 역시 충분하지 않을 것이다. 실제로 종속성을 어떻게 측정할 것인가? 이와 같이 기준 혹은 경계에 대한 물음은 진정으로 해결되었다기보다 오히려 제자리에 놓이지 않은 것으로 입증된다.

그에 따라 이렇게 제안한다: 이런 유형의 물음을 해결하기 위해 다음 관점을 길잡이로 생각할 것. 즉 휴머니즘의 가치들을 토대로 하는 사회는 물질들을 소비하는 행위 자체가 인간으로부터 그 위엄성을 박탈하는, 그러한 물질들의 자유로운 순환을 받아들일 수 없다는 관점. 근대 휴머니즘은 자신의 행동과 표현의 주체(토대, 주인)가 되는 인간에게 가치를 부여함으로써 형성된다. 어떤 제품을 소비하거나 남용하는 사람이 자신의 소비 혹은 남용 행위가 주체 개념, 다시 말해 자율성으로 이해된 자유 개념으로는 감싸안을 수 없는 것으로 우리에게 받아들여지고 있음을 감지하게 되면, 합법적인 것과 비합법적인 것을 구분하는 경계는 우리들 가치의 논리 그 자체에 따라 초월되는 것이다. 우리가 담배·술·마약 등의 소비를 이러한 길잡이로 평가할 때 누가 조금이라도 선의를 보이면, 그러한 소비를 '승인'하는 모습은 분명 다양해진다. 즉 해롭기까지 한 담배·술·마약 등의 사용이 주체에게서 주체성을 박탈하지 않는 곳에서, 금지의 부재는 우리가 중독자를 더 이상 의식 있고 책임 있는 주체로 여길 수 없을지라도, 그 남용에 대해 억압하지는 못하게 한다. 과도한 억압만이 남용의 가능성을 없앨 수 있을 때인데도 말이다. 그렇지만 경계 기준의 명시가 미묘하게도 오히려 특히 마약 중독의 경우, 마약 사용과 같은 행동들을 법적으로 얼마만큼 다시 승인하게 되는지 강조할 필요가 있을까? 그런 행동들을 그럴 수 있다고 생각하는 것은 그 자체로, 그 행동의 주체가 자신의 주체성과 책임을 박탈당했다고 확신하는 일이 된다.

어떤 개념에 힘입어 복잡한 문제들을 총괄적으로 해결하려는 것은 순진한 일일 것이다. 어떤 지적인 활동이 민주주의 사회들의 역동성 그 자체에 현존하는, 심지어 갈등중인, 따라서 일상적으로 부딪치는 고유의 가치들을 개념화하려고 노력함으로써 그 사회가 직면해 있는 어려움들의 일부를 밝히는 데 어떤 도움이 될 수 있다고 하는 것도 예외인 것만은 아닌 것 같다.

원 주

1) Hegel, G. W. F., 《철학사 강의, 서문, I *Leçons sur l'histoire de la philo-sophie, Introduction, I*》, Gallimard, 1954.

2) Heidegger, M., 《니체, II, 8, *Nietzsche, II, 8*》, Gallimard, 1971.

3) Castoriadis, C., 〈민주주의 창립 La création de la démocratie〉, 《데바 *Le Débat*》, n° 38, 1월-3월, 1986.

4) Merleau-ponty, M., 《의미와 무의미, III *Sens et Non-Sens, III*》, Nagel, 1984.

5) Aubenque, P., 《아리스토텔레스의 신중함 *La Prudence chez Aristote*》, PUF, 1963, p.91.

6) *Ibid*.

7) Castoriadis, C., *loc. cit*.

8) 이 점에 관해서는 그의 1929년 연구서를 참조하라. 《칸트와 형이상학의 문제 *Kant et le probléme de la métaphysique*》, Gallimard, 1953.

9) Heidegger, M., 《형이상학 입문 *Introduction à la métaphysique*》, Kahn, G., 프랑스어역, Gallimard, 1967, p.49.

10) Heidegger, M., 《아무곳에도 이르지 않는 길 *Chemins qui ne mènent nulle part*》, Brokmeier, W., 프랑스어역, Gallimard, 1986, pp.83-84.

11) Ferry, L.와 Renaut, A., 《하이데거와 근대인들 *Heidegger et les Modernes*》, Grasset, 1988을 보라.

12) Sennett, R.의 《사생활의 지배 *Les Tyrannies de l'intimité*》(Seuil, 1979)는 1974년 뉴욕에서(공인(公人)의 몰락 The Fall of Public Man) 선보였다; Lasch, Chr.의 작품 《나르시스 콤플렉스 *Le Complexe de Narcisse*》(Seuil, 1979)의 출판 연도는 1975년이었다; Bell, D.의 《자본주의의 문화적 항변 *Les Contradictions culturelles du capitalisme*》(PUF, 1979)은 1976년에 출판됐다; Trilling, L.의 《확실성과 진정성 *Sincérité et Authenticité*》(Grasset, 1994)의 원서는 1971년

(Havard)까지 거슬러 올라간다.

13) 특히 Aron, R.,《자유에 관한 시론 *Essai sur les libertés*》(Gallimard, 1965), 1장 〈토크빌과 마르크스: 사회학적 사유의 단계들 *Tocqueville et Marx: Les Étapes de la pensée sociologique*〉을 보라.

14) Dumont, L.,《평등의 인간, 경제 이데올로기의 기원과 성숙 *Homo aequalis, genèse et épanouissement de l'idéologie économique*》, Gallimard, 1977과 《개인주의에 관한 시론, 근대 이데올로기에 관한 인류학적 전망 *Essais sur l'individualisme, une perspective anthropologique sur l'idéologie moderne*》, Le Seuil, 1983; Furet, F.,《프랑스 혁명 생각하기 *Penser la Révolution française*》, Gallimard, 1978; Lipovetsky, G.,《공허의 시대. 현대 개인주의에 관한 시론 *L'Ère du vide. Essais sur l'indivisualisme contemporain*》, Gallimard, 1983과 《덧없음의 제국. 근대 사회의 유행과 그 운명 *L'Empire de l'éphémère. La mode et son destin dans les sociétés modernes*》, Gallimard, 1987; M. Gauchet, 《세계의 환멸. 종교의 정치사 *Le Désenchantement du monde. Une histoire politique de la religion*》, Gallimard, 1985와《인권 혁명 *La Révolution des droits de l'homme*》, Gallimard, 1989; Ehrenberg, A.,《성공에 대한 숭배 *Le Culte de la performance*》, Calmann-Lévy, 1991와《예측할 수 없는 개인 *L'individu incertain*》, Calmann-Lévy, 1995; Rosanvallon, P.,《시민 축성식. 프랑스의 보통 선거 역사 *Le Sacre du citoyen. Histoire du suffrage universel en France*》, Gallimard, 1992.

나는 여기서 이 작가들의 작품 가운데 가장 확실하게 개인주의('신토크빌주의') 패러다임에 준거한 저서들만을 언급한다. 물론 내가 언급한 작품의 작가들이, 그 작품의 일부 독자와 마찬가지로 한 곳에 묶이기 싫어하는 지적 성향 때문에 감정이 상할 수도 있으리란 점은 접어둔다.

15) 이러한 우려는 개인주의 논쟁에 동참한 나의 두 저서에 자세히 표현된 바 있다:《68-86. 개인의 여정 *Itinéraires de l'individu*》(Ferry, L. 공저), Gallimard, 1987;《개인의 시대. 주체성의 역사에 대한 기여 *L'Ère de l'individu. Contribution à une histoire de la subjectivité*》, Gallimard, 1989.

16) 사실 개인주의라는 용어는 콩스탕과 토크빌, 즉 프랑스 개인주의 논쟁에

서 '민주적 개인주의'를 옹호하는 이들이 오늘날 특별히 참조하는 두 작가 사이에 그 모습을 드러냈다. 1819년 '고대인들의 자유'와 '근대인들의 자유'를 비교한 콩스탕에겐 생소했던 이 용어를 토크빌은 1835에서 1840년까지 《미국의 민주주의》 1,2부를 내놓으면서 자주 사용했다. 좀더 정확한 날짜 매김을 위해서는 Renaut, A., 《개인의 시대 L'Ère de l'individu》 pp.53sqq를 보라.

17) 전위예술 운동 흐름에 이러한 해석 원리를 적용는 것은 Ferry, L., 《미학적 인간, 민주주의 시대의 취미의 창의성 Homo aestheticus, l'invention du goût à l'âge démocratique》, Grasset, 1988에 준거한 것이다.

18) Toqueville, A. de, 《미국의 민주주의 De la Démocratie en Amérique》, Garnier-Flammarion, 1981, II, 2, pp.125와 127.

19) 프랑스에서 이 변화의 중요성은, 마르크스주의 패러다임이 앞세대에 그곳에서 했던 역할에 정비례한다.

20) 예를 들자면 Ferry, L.와 Renaut, A., 《68사상. 현대 반휴머니즘에 관한 시론 La Pensée 68. Essai sur l'anti-humanisme contemporain》, Gallimard, 1985, pp.78-89을 보라.

21) 이 사조는 문화의 요구에 무관심하다는 이유로 민주적 개인주의의 옹호자들에게 반론을 제기한다. 문화에 대한 부정에는 난폭함 외에도 발견해야 할 것이 있기에, 왜 신토크빌주의가 민주주의의 '난폭함의 보고(寶庫)'라는 이유로 과장되게 반론을 당하는지 우리는 쉽게 이해할 수 있다. 부딪치는 것은 그러한 사유가 아니라 바로 그 과장이다.

22) Finkielkraut, A.와 Gauchet, M., 〈민주주의 내부의 위기 Malaise dans la démocratie〉, 《데바 Le Débat》, n°51(9월-10월, 1988). 이 대담/논쟁에서 핑켈크로트는 '우리 시대의 가장 첨예한 문제들을 역사의 정점으로' 변모시킨 '언력(言力)의 일격'을 심각하게 고발한다. 이에 맞서 고세는 '민주적 개인주의'의 범주를 '유효하고 풍부한 사회학적 분석 도구'로 내세우며 신중하게 방어한다.

23) 특히 Finkielkraut, A., 《사유의 패배 La Défaite de la pensée》, Gallimard, 1987, p.146를 보라. 하이데거에게 찬동하는 그의 논리는 요컨대 명백해서 이의 제기될 수 없다. 그 하나는 근대성에 대한 하이데거의 해체가 마르크스주의의 붕괴 이후 서구 사회에 대한 총체적인 문제 제기를 북돋우는 데 사용할

수 있는, 유일하게 남아 있던 철저하게 비판적인 관점이라는 논리이다. 다른 하나는, 반근대적인 하이데거의 비판은 근대성을 통해 기술에 의한 세계의 동질화를 고발했다는 논리이다. 이때 기술은 현실 경영과 소비라는 목표물보다 좀더 근원적인 요구, 이를테면 '사유'의 요구와 논리적으로 대립하는 망각과 같다.

24) Lipovetsky, G.,《의무의 황혼. 새로운 민주주의 시대의 통증 없는 윤리학 *Le Crépuscule du devoir. L'éthique indolore des nouveaux temps démocratiques*》, Gallimard, 1992

25) 이 논쟁에 관해서는 Ferry, L.와 Renaut, A.《인권에서 공화국 이념까지 (정치철학, III) *Des droits de l'homme à l'idée républicaine*》(Philosophie politique, III), PUF, 1985를 보라.

26) 이러한 관점에서 우리는 핑켈크로트의 《사유의 패배》 pp.148-150와 하이데거의 《시론과 강연 *Essais et Conférences*》을 유익하게 대조할 수 있다. 《사유의 패배》에서 핑켈크로트는 신토크빌주의가 자유와 독립성을 혼동한 사실에 맞서, "권력의 제한이 판단과 의지의 자율성을 보장하지는 않는다"라고 정확하게 역설한다. 《시론과 강연》의 '형이상학의 초월(Dépassement de la métaphysique)' 이란 제목이 붙은 부분에서, 하이데거는 인간을 주체로 확립한 데카르트 철학에서 기술공학적 전체주의의 강림에 이르는 여정 가운데 의지의 자율성이라는 칸트 철학의 원리를 단호하게 포함시킨다.

27) Lévinas, E.,《다른 사람의 휴머니즘 *Humanisme de l'autre homme*》, Fata Morgana, 1972; Livre de Poche, 1987, pp.84sqq.

28) Lévinas, E.,《관념에 이르는 신에 관하여 *De Dieu qui vient à l'idée*》, Vrin, 1982, p.48.

29) Guibal, F.,《욕망의 인간 *L'Homme de désir*》, Cerf, 1990, p.241.

참고 문헌

Bell, D., *Les Contradictions culturelles du capitalisme*, Paris, PUF, 1979.

Dumont, L., *Homo aequalis, genèse et épanouissement de l'idéologie économique*, Paris, Gallimard, 1977.

―― *Essais sur l'individualisme, une perspective anthropologique sur l'idéologie moderne*, Paris, Le Seuil, 1983.

Ehrenberg, A., *Le Culte de la performance*, Paris, Calmann-Lévy, 1991.

―― *L'individu incertain*, Paris, Calmann-Lévy, 1995.

Ferry, L., *Homo aestheticus, l'invention du goût à l'âge démocratique*, Paris, Grasset, 1988.

Ferry, L.; Renaut, A., *68-86. Itinéraires de l'individu*, Paris, Gallimard, 1987.

Finkielkraut, A., *La Défaite de la pensée*, Paris, Gallimard, 1987.

Gauchet, M., *Le Désenchantement du monde. Une histoire politique de la religion*, Paris, Gallimard, 1985.

Habermas, J., *Le Discours philosophique de la modernité*(trad.), Paris, Gallimard, 1985.

Lasch, Chr., *Le Complexe de Narcisse*(trad.), Paris, Le Seuil, 1979.

Lévinas, E., *Humanisme de l'autre homme*, Paris, Livre de Poche, 1987.

Lipovetsky, G., *L'Ère du vide. Essai sur l'individualisme contemporain*, Paris, Gallimard, 1983.

―― *L'Empire de l'éphémère. La mode et son destin dans les sociétés modernes*, Paris, Gallimard, 1987.

―― *Le Crépuscule du devoir. L'éthique indolore des nouveaux temps démocratiques*, Paris, Gallimard, 1992.

Renaut, A., *L'Ère de l'individu. Contribution à une histoire de la subjec-*

tivité, Paris, Gallimard, 1989.

Rosanvallon, P., *Le Sacre du citoyen. Histoire du suffrage universel en France*, Paris, Gallimard, 1992.

Sennett, R., *Les Tyrannies de l'intimité*(trad.), Paris, Le Seuil, 1979.

Tocqueville, A. de, *De la Démocratie en Amérique*, tomes I et II, Paris, Garnier-Flammarion, 1981.

Trilling, L., *Sincérité et Authenticité*(trad.), Paris, Grasset, 1994.

색 인

98 개 인

장정아

부산대 불어불문학과 박사 과정 수료
부산대 강사

현대신서
115

개 인

주체철학에 관한 고찰

초판 발행 : 2002년 10월 10일

지은이 : 알랭 르노
옮긴이 : 張禎娥
펴낸이 : 辛成大
펴낸곳 : 東文選

제10-64호, 78. 12. 16 등록
110-300 서울 종로구 관훈동 74
전화 : 737-2795

편집설계 : 李姃롯 韓仁淑

ISBN 89-8038-243-X 04100
ISBN 89-8038-050-X (현대신서)

【東文選 現代新書】

1 21세기를 위한 새로운 엘리트	FORESEEN 연구소 / 김경현	7,000원
2 의지, 의무, 자유 ― 주제별 논술	L. 밀러 / 이대희	6,000원
3 사유의 패배	A. 핑켈크로트 / 주태환	7,000원
4 문학이론	J. 컬러 / 이은경 · 임옥희	7,000원
5 불교란 무엇인가	D. 키언 / 고길환	6,000원
6 유대교란 무엇인가	N. 솔로몬 / 최창모	6,000원
7 20세기 프랑스철학	E. 매슈스 / 김종갑	8,000원
8 강의에 대한 강의	P. 부르디외 / 현택수	6,000원
9 텔레비전에 대하여	P. 부르디외 / 현택수	7,000원
10 고고학이란 무엇인가	P. 반 / 박범수	근간
11 우리는 무엇을 아는가	T. 나겔 / 오영미	5,000원
12 에쁘롱 ― 니체의 문체들	J. 데리다 / 김다은	7,000원
13 히스테리 사례분석	S. 프로이트 / 태혜숙	7,000원
14 사랑의 지혜	A. 핑켈크로트 / 권유현	6,000원
15 일반미학	R. 카이유와 / 이경자	6,000원
16 본다는 것의 의미	J. 버거 / 박범수	10,000원
17 일본영화사	M. 테시에 / 최은미	7,000원
18 청소년을 위한 철학교실	A. 자카르 / 장혜영	7,000원
19 미술사학 입문	M. 포인턴 / 박범수	8,000원
20 클래식	M. 비어드 · J. 헨더슨 / 박범수	6,000원
21 정치란 무엇인가	K. 미노그 / 이정철	6,000원
22 이미지의 폭력	O. 몽젱 / 이은민	8,000원
23 청소년을 위한 경제학교실	J. C. 드루엥 / 조은미	6,000원
24 순진함의 유혹 〔메디시스賞 수상작〕	P. 브뤼크네르 / 김웅권	9,000원
25 청소년을 위한 이야기 경제학	A. 푸르상 / 이은민	8,000원
26 부르디외 사회학 입문	P. 보네위츠 / 문경자	7,000원
27 돈은 하늘에서 떨어지지 않는다	K. 아른트 / 유영미	6,000원
28 상상력의 세계사	R. 보이아 / 김웅권	9,000원
29 지식을 교환하는 새로운 기술	A. 벵토릴라 外 / 김혜경	6,000원
30 니체 읽기	R. 비어즈워스 / 김웅권	6,000원
31 노동, 교환, 기술 ― 주제별 논술	B. 데코사 / 신은영	6,000원
32 미국만들기	R. 로티 / 임옥희	근간
33 연극의 이해	A. 쿠프리 / 장혜영	8,000원
34 라틴문학의 이해	J. 가야르 / 김교신	8,000원
35 여성적 가치의 선택	FORESEEN연구소 / 문신원	7,000원
36 동양과 서양 사이	L. 이리가라이 / 이은민	7,000원
37 영화와 문학	R. 리처드슨 / 이형식	8,000원
38 분류하기의 유혹 ― 생각하기와 조직하기	G. 비뇨 / 임기대	7,000원
39 사실주의 문학의 이해	G. 라루 / 조성애	8,000원
40 윤리학 ― 악에 대한 의식에 관하여	A. 바디우 / 이종영	7,000원
41 흙과 재 〔소설〕	A. 라히미 / 김주경	6,000원

84	조와(弔蛙)	金敎臣 / 노치준·민혜숙	8,000원
85	역사적 관점에서 본 시네마	J. -L. 뢰트라 / 곽노경	8,000원
86	욕망에 대하여	M. 슈벨 / 서민원	8,000원
87	산다는 것의 의미·1—여분의 행복	P. 쌍소 / 김주경	7,000원
88	철학 연습	M. 아롱델-로오 / 최은영	8,000원
89	삶의 기쁨들	D. 노게 / 이은민	6,000원
90	이탈리아영화사	L. 스키파노 / 이주현	8,000원
91	한국문화론	趙興胤	10,000원
92	현대연극미학	M. -A. 샤르보니에 / 홍지화	8,000원
93	느리게 산다는 것의 의미·2	P. 쌍소 / 김주경	7,000원
94	진정한 모럴은 모럴을 비웃는다	A. 에슈고엔 / 김웅권	8,000원
95	한국종교문화론	趙興胤	10,000원
96	근원적 열정	L. 이리가라이 / 박정오	9,000원
97	라캉, 주체 개념의 형성	B. 오질비 / 김 석	9,000원
98	미국식 사회 모델	J. 바이스 / 김종명	7,000원
99	소쉬르와 언어과학	P. 가데 / 김용숙·임정혜	10,000원
100	철학적 기본 개념	R. 페르버 / 조국현	8,000원
101	철학자들의 동물원	A. L. 브라쇼파르 / 문신원	근간
102	글렌 굴드, 피아노 솔로	M. 슈나이더 / 이창실	7,000원
103	문학비평에서의 실험	C. S. 루이스 / 허 종	근간
104	코뿔소 〔희곡〕	E. 이오네스코 / 박형섭	8,000원
105	《제7의 봉인》 비평연구	E. 그랑조르주 / 이은민	근간
106	《쥘과 짐》 비평연구	C. 르 베르 / 이은민	근간
107	경제, 거대한 사탄인가?	P. -N. 지로 / 김교신	7,000원
108	딸에게 들려 주는 작은 철학	R. 시몬 셰퍼 / 안상원	7,000원
109	도덕에 관한 에세이	C. 로슈·J. -J. 바레르 / 고수현	6,000원
110	프랑스 고전비극	B. 클레망 / 송민숙	근간
111	고전수사학	G. 위딩 / 박성철	근간
112	유토피아	T. 파코 / 조성애	7,000원
113	쥐비알	A. 자르댕 / 김남주	7,000원
114	증오의 모호한 대상	J. 아순 / 김승철	8,000원
115	개인—주체철학에 대한 고찰	A. 르노 / 장정아	7,000원
116	이슬람이란 무엇인가	M. 루스벤 / 최생열	8,000원
117	간추린 서양철학사·상	A. 케니 / 이영주	근간
118	간추린 서양철학사·하	A. 케니 / 이영주	근간
119	느리게 산다는 것의 의미·3	P. 쌍소 / 김주경	7,000원
120	문학과 정치사상	P. 페티티에 / 이종민	8,000원
121	하느님의 가장 아름다운 이야기	A. 보테르 外 / 주태환	근간
122	시민 교육	P. 카니베즈 / 박주원	근간
123	스페인영화사	J.- C. 스갱 / 정동섭	근간
124	포켓의 형태	J. 버거 / 이영주	근간
125	내 몸의 신비—세상에서 가장 큰 기적	A. 지오르당 / 이규식	7,000원

126 세 가지 생태학　　　　　　　F. 가타리 / 윤수종　　　　　　　근간
127 모리스 블랑쇼에 대하여　　　　E. 레비나스 / 박규현　　　　　　근간
128 작은 사건들　　　　　　　　　R. 바르트 / 김주경　　　　　　　근간
129 번영의 비참　　　　　　　　　P. 브뤼크네르 / 이창실　　　　　근간
130 무사도란 무엇인가　　　　　　新渡戶稻造 / 沈雨晟　　　　　7,000원

【東文選 文藝新書】
  1 저주받은 詩人들　　　　　　　A. 뻬이르 / 최수철·김종호　　　개정근간
  2 민속문화론서설　　　　　　　　沈雨晟　　　　　　　　　　40,000원
  3 인형극의 기술　　　　　　　　A. 훼도토프 / 沈雨晟　　　　8,000원
  4 전위연극론　　　　　　　　　　J. 로스 에반스 / 沈雨晟　　12,000원
  5 남사당패연구　　　　　　　　　沈雨晟　　　　　　　　　　10,000원
  6 현대영미희곡선(전4권)　　　　N. 코워드 外 / 李辰洙　　　절판
  7 행위예술　　　　　　　　　　　L. 골드버그 / 沈雨晟　　　　절판
  8 문예미학　　　　　　　　　　　蔡 儀 / 姜慶鎬　　　　　　　절판
  9 神의 起源　　　　　　　　　　何 新 / 洪 熹　　　　　　16,000원
 10 중국예술정신　　　　　　　　　徐復觀 / 權德周 外　　　　24,000원
 11 中國古代書史　　　　　　　　　錢存訓 / 金允子　　　　　14,000원
 12 이미지 — 시각과 미디어　　　　J. 버거 / 편집부　　　　　12,000원
 13 연극의 역사　　　　　　　　　　P. 하트놀 / 沈雨晟　　　　절판
 14 詩 論　　　　　　　　　　　　朱光潛 / 鄭相泓　　　　　　9,000원
 15 탄트라　　　　　　　　　　　　A. 무케르지 / 金龜山　　　10,000원
 16 조선민족무용기본　　　　　　　최승희　　　　　　　　　　15,000원
 17 몽고문화사　　　　　　　　　　D. 마이달 / 金龜山　　　　8,000원
 18 신화 미술 제사　　　　　　　　張光直 / 李 徹　　　　　　10,000원
 19 아시아 무용의 인류학　　　　　宮尾慈良 / 沈雨晟　　　　　절판
 20 아시아 민족음악순례　　　　　　藤井知昭 / 沈雨晟　　　　　5,000원
 21 華夏美學　　　　　　　　　　　李澤厚 / 權 瑚　　　　　　15,000원
 22 道　　　　　　　　　　　　　　張立文 / 權 瑚　　　　　　18,000원
 23 朝鮮의 占卜과 豫言　　　　　　村山智順 / 金禧慶　　　　　15,000원
 24 원시미술　　　　　　　　　　　L. 아담 / 金仁煥　　　　　16,000원
 25 朝鮮民俗誌　　　　　　　　　　秋葉隆 / 沈雨晟　　　　　　12,000원
 26 神話의 이미지　　　　　　　　　J. 캠벨 / 扈承喜　　　　　　근간
 27 原始佛敎　　　　　　　　　　　中村元 / 鄭泰爀　　　　　　8,000원
 28 朝鮮女俗考　　　　　　　　　　李能和 / 金尙憶　　　　　　24,000원
 29 朝鮮解語花史(조선기생사)　　　李能和 / 李在崑　　　　　　25,000원
 30 조선창극사　　　　　　　　　　鄭魯湜　　　　　　　　　　7,000원
 31 동양회화미학　　　　　　　　　崔炳植　　　　　　　　　　9,000원
 32 性과 결혼의 민족학　　　　　　和田正平 / 沈雨晟　　　　　9,000원
 33 農漁俗談辭典　　　　　　　　　宋在璇　　　　　　　　　　12,000원
 34 朝鮮의 鬼神　　　　　　　　　村山智順 / 金禧慶　　　　　12,000원
 35 道敎와 中國文化　　　　　　　葛兆光 / 沈揆昊　　　　　　15,000원

36 禪宗과 中國文化	葛兆光 / 鄭相泓·任炳權	8,000원
37 오페라의 역사	L. 오레이 / 류연희	절판
38 인도종교미술	A. 무케르지 / 崔炳植	14,000원
39 힌두교의 그림언어	안넬리제 外 / 全在星	9,000원
40 중국고대사회	許進雄 / 洪 熹	22,000원
41 중국문화개론	李宗桂 / 李宰碩	15,000원
42 龍鳳文化源流	土大有 / 林東錫	25,000원
43 甲骨學通論	王宇信 / 李宰碩	근간
44 朝鮮巫俗考	李能和 / 李在崑	20,000원
45 미술과 페미니즘	N. 부루드 外 / 扈承喜	9,000원
46 아프리카미술	P. 윌레뜨 / 崔炳植	절판
47 美의 歷程	李澤厚 / 尹壽榮	22,000원
48 曼茶羅의 神들	立川武藏 / 金龜山	19,000원
49 朝鮮歲時記	洪錫謨 外/李錫浩	30,000원
50 하 상	蘇曉康 外 / 洪 熹	절판
51 武藝圖譜通志 實技解題	正 祖 / 沈雨晟·金光錫	15,000원
52 古文字學첫걸음	李學勤 / 河永三	14,000원
53 體育美學	胡小明 / 閔永淑	10,000원
54 아시아 美術의 再發見	崔炳植	9,000원
55 曆과 占의 科學	永田久 / 沈雨晟	8,000원
56 中國小學史	胡奇光 / 李宰碩	20,000원
57 中國甲骨學史	吳浩坤 外 / 梁東淑	35,000원
58 꿈의 철학	劉文英 / 河永三	22,000원
59 女神들의 인도	立川武藏 / 金龜山	19,000원
60 性의 역사	J. L. 플랑드렝 / 편집부	18,000원
61 쉬르섹슈얼리티	W. 챠드윅 / 편집부	10,000원
62 여성속담사전	宋在璇	18,000원
63 박재서희곡선	朴栽緒	10,000원
64 東北民族源流	孫進己 / 林東錫	13,000원
65 朝鮮巫俗의 研究(상·하)	赤松智城·秋葉隆 / 沈雨晟	28,000원
66 中國文學 속의 孤獨感	斯波六郎 / 尹壽榮	8,000원
67 한국사회주의 연극운동사	李康列	8,000원
68 스포츠인류학	K. 블랑챠드 外 / 박기동 外	12,000원
69 리조복식도감	리팔찬	절판
70 娼 婦	A. 꼬르벵 / 李宗旼	22,000원
71 조선민요연구	高晶玉	30,000원
72 楚文化史	張正明 / 南宗鎭	26,000원
73 시간, 욕망, 그리고 공포	A. 코르뱅 / 변기찬	18,000원
74 本國劍	金光錫	40,000원
75 노트와 반노트	E. 이오네스코 / 박형섭	절판
76 朝鮮美術史研究	尹喜淳	7,000원
77 拳法要訣	金光錫	20,000원

78 艸衣選集	艸衣意恂 / 林鍾旭	14,000원
79 漢語音韻學講義	董少文 / 林東錫	10,000원
80 이오네스코 연극미학	C. 위베르 / 박형섭	9,000원
81 중국문자훈고학사전	全廣鎭 편역	15,000원
82 상말속담사전	宋在璇	10,000원
83 書法論叢	沈尹默 / 郭魯鳳	8,000원
84 침실의 문화사	P. 디비 / 편집부	9,000원
85 禮의 精神	柳肅 / 洪熹	20,000원
86 조선공예개관	沈雨晟 편역	30,000원
87 性愛의 社會史	J. 솔레 / 李宗旼	18,000원
88 러시아미술사	A. I. 조토프 / 이건수	22,000원
89 中國書藝論文選	郭魯鳳 選譯	25,000원
90 朝鮮美術史	關野貞 / 沈雨晟	근간
91 美術版 탄트라	P. 로슨 / 편집부	8,000원
92 군달리니	A. 무케르지 / 편집부	9,000원
93 카마수트라	바쨔야나 / 鄭泰爀	10,000원
94 중국언어학총론	J. 노먼 / 全廣鎭	18,000원
95 運氣學說	任應秋 / 李宰碩	8,000원
96 동물속담사전	宋在璇	20,000원
97 자본주의의 아비투스	P. 부르디외 / 최종철	6,000원
98 宗敎學入門	F. 막스 뮐러 / 金龜山	10,000원
99 변 화	P. 바츨라빅크 外 / 박인철	10,000원
100 우리나라 민속놀이	沈雨晟	15,000원
101 歌訣(중국역대명언경구집)	李宰碩 편역	20,000원
102 아니마와 아니무스	A. 융 / 박해순	8,000원
103 나, 너, 우리	L. 이리가라이 / 박정오	12,000원
104 베케트연극론	M. 푸크레 / 박형섭	8,000원
105 포르노그래피	A. 드워킨 / 유혜련	12,000원
106 셸 링	M. 하이데거 / 최상욱	12,000원
107 프랑수아 비용	宋勉	18,000원
108 중국서예 80제	郭魯鳳 편역	16,000원
109 性과 미디어	W. B. 키 / 박해순	12,000원
110 中國正史朝鮮列國傳(전2권)	金聲九 편역	120,000원
111 질병의 기원	T. 매큐언 / 서 일 · 박종연	12,000원
112 과학과 젠더	E. F. 켈러 / 민경숙 · 이현주	10,000원
113 물질문명 · 경제 · 자본주의	F. 브로델 / 이문숙 外	절판
114 이탈리아인 태고의 지혜	G. 비코 / 李源斗	8,000원
115 中國武俠史	陳山 / 姜鳳求	18,000원
116 공포의 권력	J. 크리스테바 / 서민원	23,000원
117 주색잡기속담사전	宋在璇	15,000원
118 죽음 앞에 선 인간(상 · 하)	P 아리에스 / 劉仙子	각권 8,000원
119 철학에 대하여	L. 알튀세르 / 서관모 · 백승욱	12,000원

120	다른 곳	J. 데리다 / 김다은 · 이혜지	10,000원
121	문학비평방법론	D. 베르제 外 / 민혜숙	12,000원
122	자기의 테크놀로지	M. 푸코 / 이희원	16,000원
123	새로운 학문	G. 비코 / 李源斗	22,000원
124	천재와 광기	P. 브르노 / 김웅권	13,000원
125	중국은사문화	馬 華 · 陳正宏 / 강경범 · 천현경	12,000원
126	푸코와 페미니즘	C. 라마자노글루 外 / 최 영 外	16,000원
127	역사주의	P. 해밀턴 / 임옥희	12,000원
128	中國書藝美學	宋 民 / 郭魯鳳	16,000원
129	죽음의 역사	P. 아리에스 / 이종민	18,000원
130	돈속담사전	宋在璇 편	15,000원
131	동양극장과 연극인들	김영무	15,000원
132	生育神과 性巫術	宋兆麟 / 洪 熹	20,000원
133	미학의 핵심	M. M. 이턴 / 유호전	14,000원
134	전사와 농민	J. 뒤비 / 최생열	18,000원
135	여성의 상태	N. 에니크 / 서민원	22,000원
136	중세의 지식인들	J. 르 고프 / 최애리	18,000원
137	구조주의의 역사(전4권)	F. 도스 / 이봉지 外	각권 13,000원
138	글쓰기의 문제해결전략	L. 플라워 / 원진숙 · 황정현	20,000원
139	음식속담사전	宋在璇 편	16,000원
140	고전수필개론	權 瑚	16,000원
141	예술의 규칙	P. 부르디외 / 하태환	23,000원
142	"사회를 보호해야 한다"	M. 푸코 / 박정자	20,000원
143	페미니즘사전	L. 터틀 / 호승희 · 유혜련	26,000원
144	여성심벌사전	B. G. 워커 / 정소영	근간
145	모데르니테 모데르니테	H. 메쇼닉 / 김다은	20,000원
146	눈물의 역사	A. 벵상뷔포 / 이자경	18,000원
147	모더니티입문	H. 르페브르 / 이종민	24,000원
148	재생산	P. 부르디외 / 이상호	18,000원
149	종교철학의 핵심	W. J. 웨인라이트 / 김희수	18,000원
150	기호와 몽상	A. 시몽 / 박형섭	22,000원
151	융분석비평사전	A. 새뮤얼 外 / 민혜숙	16,000원
152	운보 김기창 예술론연구	최병식	14,000원
153	시적 언어의 혁명	J. 크리스테바 / 김인환	20,000원
154	예술의 위기	Y. 미쇼 / 하태환	15,000원
155	프랑스사회사	G. 뒤프 / 박 단	16,000원
156	중국문예심리학사	劉偉林 / 沈揆昊	30,000원
157	무지카 프라티카	M. 캐넌 / 김혜중	25,000원
158	불교산책	鄭泰爀	20,000원
159	인간과 죽음	E. 모랭 / 김명숙	23,000원
160	地中海(전5권)	F. 브로델 / 李宗旼	근간
161	漢語文字學史	黃德實 · 陳秉新 / 河永三	24,000원

204 고대세계의 정치   M. I. 포리 / 최생열   근간
205 카프카의 고독   M. 로베르 / 이창실   근간
206 문화 학습 — 실천적 입문서 J. 자일즈 · T. 미들턴 / 장성희 근간
207 호모 아카데미쿠스   P. 부르디외 / 임기대   근간
208 朝鮮槍棒敎程   金光錫   40,000원
209 자유의 순간   P. M. 코헨 / 최하영   근간
210 밀교의 세계   鄭泰爀   근간
211 토탈 스크린   J. 보드리야르 / 배영달 19,000원

【기 타】

▨ 모드의 체계   R. 바르트 / 이화여대기호학연구소 18,000원
▨ 텍스트의 즐거움   R. 바르트 / 김희영   15,000원
▨ 라신에 관하여   R. 바르트 / 남수인   10,000원
▨ 說 苑 (上·下)   林東錫 譯註   각권 30,000원
▨ 晏子春秋   林東錫 譯註   30,000원
▨ 西京雜記   林東錫 譯註   20,000원
▨ 搜神記 (上·下)   林東錫 譯註   각권 30,000원
■ 경제적 공포〔메디시스賞 수상작〕 V. 포레스테 / 김주경 7,000원
■ 古陶文字徵   高 明·葛英會   20,000원
■ 古文字類編   高 明   절판
■ 金文編   容 庚   36,000원
■ 고독하지 않은 홀로되기 P. 들레름·M. 들레름 / 박정오 8,000원
■ 그리하여 어느날 사랑이여 이외수 편   6,500원
■ 딸에게 들려 주는 작은 지혜 N. 레흐레이트너 / 양영란 6,500원
■ 노력을 대신하는 것은 없다 R. 쉬이 / 유혜련   5,000원
■ 미래를 원한다   J. D. 로스네 / 문 선·김덕희 8,500원
■ 사랑의 존재   한용운   3,000원
■ 산이 높으면 마땅히 우러러볼 일이다   유 향 / 임동석 5,000원
■ 서기 1000년과 서기 2000년 그 두려움의 흔적들 J. 뒤비 / 양영란 8,000원
■ 서비스는 유행을 타지 않는다 B. 바게트 / 정소영 5,000원
■ 선종이야기   홍 희 편저   8,000원
■ 섬으로 흐르는 역사   김영희   10,000원
■ 세계사상   창간호~3호: 각권 10,000원 / 4호: 14,000원
■ 십이속상도안집   편집부   8,000원
■ 어린이 수묵화의 첫걸음(전6권) 趙 陽 / 편집부   각권 5,000원
■ 오늘 다 못다한 말은   이외수 편   7,000원
■ 오블라디 오블라다, 인생은 브래지어 위를 흐른다 무라카미 하루키 / 김난주 7,000원
■ 인생은 앞유리를 통해서 보라 B. 바게트 / 박해순 5,000원
■ 잠수복과 나비   J. D. 보비 / 양영란   6,000원
■ 천연기념물이 된 바보   최병식   7,800원
■ 原本 武藝圖譜通志   正祖 命撰   60,000원
■ 隷字編   洪鈞陶   40,000원

■ 테오의 여행 (전5권)　　　　　C. 클레망 / 양영란　　　　　각권 6,000원
■ 한글 설원 (상·중·하)　　　　　임동석 옮김　　　　　각권 7,000원
■ 한글 안자춘추　　　　　임동석 옮김　　　　　8,000원
■ 한글 수신기 (상·하)　　　　　임동석 옮김　　　　　각권 8,000원

【이외수 작품집】
■ 겨울나기　　　　　창작소설　　　　　7,000원
■ 그대에게 던지는 사랑의 그물　　　　　에세이　　　　　7,000원
■ 꿈꾸는 식물　　　　　장편소설　　　　　7,000원
■ 내 잠 속에 비 내리는데　　　　　에세이　　　　　7,000원
■ 들 개　　　　　장편소설　　　　　7,000원
■ 말더듬이의 겨울수첩　　　　　에스프리모음집　　　　　7,000원
■ 벽오금학도　　　　　장편소설　　　　　7,000원
■ 장수하늘소　　　　　창작소설　　　　　7,000원
■ 칼　　　　　장편소설　　　　　7,000원
■ 풀꽃 술잔 나비　　　　　서정시집　　　　　4,000원
■ 황금비늘 (1·2)　　　　　장편소설　　　　　각권 7,000원

【조병화 작품집】
■ 공존의 이유　　　　　제11시점　　　　　5,000원
■ 그리운 사람이 있다는 것은　　　　　제45시집　　　　　5,000원
■ 길　　　　　애송시모음집　　　　　10,000원
■ 개구리의 명상　　　　　제40시집　　　　　3,000원
■ 꿈　　　　　고희기념자선시집　　　　　10,000원
■ 따뜻한 슬픔　　　　　제49시집　　　　　5,000원
■ 버리고 싶은 유산　　　　　제 1시집　　　　　3,000원
■ 사랑의 노숙　　　　　애송시집　　　　　4,000원
■ 사랑의 여백　　　　　애송시화집　　　　　5,000원
■ 사랑이 가기 전에　　　　　제 5시집　　　　　4,000원
■ 남은 세월의 이삭　　　　　제 52시집　　　　　6,000원
■ 시와 그림　　　　　애장본시화집　　　　　30,000원
■ 아내의 방　　　　　제44시집　　　　　4,000원
■ 잠 잃은 밤에　　　　　제39시집　　　　　3,400원
■ 패각의 침실　　　　　제 3시집　　　　　3,000원
■ 하루만의 위안　　　　　제 2시집　　　　　3,000원

東文選 文藝新書 170

비정상인들

1974-1975, 콜레주 드 프랑스에서의 강의

미셸 푸코
박정자 옮김

비정상이란 도대체 무엇일까? 하나의 사회는 자신의 구성원 중에서 밀쳐내고, 무시하고, 잊어버리고 싶은 부분이 있다. 그것이 어느 때는 나환자나 페스트 환자였고, 또 어느 때는 광인이나 부랑자였다. 《비정상인들》은 역사 속에서 모습을 보인 모든 비정상인들에 대한 고고학적 작업이며, 또 이들을 이용해 의학 권력이 된 정신의학의 계보학이다.

콜레주 드 프랑스에서 1975년 1월부터 3월까지 행해진 강의 《비정상인들》은 미셸 푸코가 1970년 이래, 특히 《사회를 보호해야 한다》에서 앎과 권력의 문제에 바쳤던 분석들을 집중적으로 추구하고 있다. 앎과 권력의 문제란 규율 권력, 규격화 권력, 그리고 생체-권력이다. 푸코가 소위 19세기에 '비정상인들'로 불리었던 '위험한' 개인들의 문제에 접근한 것은 수많은 신학적·법률적·의학적 자료들에서부터였다. 이 자료들에서 그는 중요한 세 인물을 끌어냈는데, 그것은 괴물, 교정(矯正) 불가능자, 자위 행위자였다. 괴물은 사회적 규범과 자연의 법칙에 대한 참조에서 나왔고, 교정 불가능자는 새로운 육체 훈련 장치가 떠맡았으며, 자위 행위자는 18세기 이래 근대 가정의 규율화를 겨냥한 대대적인 캠페인의 근거가 되었다. 푸코의 분석들은 1950년대까지 시행되던 법-의학감정서를 출발점으로 삼고 있다. 이어서 그는 고백 성사와 양심 지도 기술(技術)에서부터 욕망과 충동의 고고학을 시작했다. 이렇게 해서 그는 그후의 콜레주 드 프랑스 강의 또는 저서에서 다시 선택되고, 수정되고, 다듬어질 작업의 이론적·역사적 전제들을 마련했다. 이 강의는 그러니까 푸코의 연구가 형성되고, 확장되고, 전개되는 과정을 추적하는 데 있어서 결코 빼놓을 수 없는 필수 불가결의 자료이다.

東文選 現代新書 40

윤리학

알랭 바디우

이종영 옮김

  이 세계가 나에게 부과하는, 그리고 준수할 것을 요구하는 그러한 윤리가 아니라, 내가 이 세계에 맞서 싸우고자 할 때 지녀야 할 '나 자신의' 윤리란 어떠한 것일까? 그러나 이 세계가 나에게 부과하는 '윤리'가 과연 엄격한 의미에서의 윤리일 수 있을까?

  이데올로기로서의 윤리에 대한 부정만으로는 충분치 않다. 이데올로기로서의 윤리에 맞서 싸우는 해방적 실천, 그 자체가 새로운 윤리학에 의해 지탱되어야만 하는 것이다. 여기서 새롭게 제시하고 있는 윤리는, 해방적 정치·학문·예술·애정에 있어서의 혁명적 투사들을 위한 윤리이다. '인권의 윤리'와 '차이의 윤리'를 비판하고 있는 이 책의 1장과 2장은 프랑스적 맥락에 위치하고 있다. 바디우는 이른바 '인권의 윤리'와 '차이의 윤리'를 제국주의 국가로서 프랑스의 위선과 결부짓고 있는 것이다.

  존중받아야 하는 것은 각자의 개별성이지 문화적 또는 사회적 차이가 아니다. 그리고 각자의 개별성은 오로지 인간적 동일성이라는 보편성에 토대해서만 존중받을 수 있는 것이다. 보편성에 토대한 개별성에 대한 존중은 사회적·문화적으로 매개된 특수성과는 결단코 대립되는 것이다. 특수성은 항상 배제와 차별을 내포하고 있다. 그리고 프랑스에서의 '차이의 윤리'는 그러한 특수성에 일정하게 입각하고 있는 것이다.

東文選 現代新書 94

진정한 모럴은 모럴을 비웃는다

— 책임진다는 것의 의미

알랭 에슈고엔 / 김웅권 옮김

오늘날 우리는 가치들이 혼재하고 중심을 잃은 이른바 '포스트모던'한 시대에 살고 있다. 다양한 가치들은 하나의 '조정적인' 절대 가치에 의해 정리되고 체계화되지 못하고, 무질서하게 병렬적으로 공존한다. 이런 다원적 현상은 풍요로 인식될 수 있으나, 역설적으로 현대인이 당면한 정신적 방황과 해체의 상황을 드러내 주는 하나의 징표라고도 할 수 있다. 자본주의의 승리와 이러한 가치의 혼란은 인간을 비도덕적으로 만들면서 약육강식적 투쟁의 강도만 심화시킬 우려가 있다. 그리하여 사회는 긴장과 갈등으로 치닫는 메마르고 냉혹한 세계가 될 수 있다.

개인의 자유와 권리가 확대되고, 사회적인 구속이나 억압이 줄어들면 줄어들수록 개인이 져야 할 책임의 무게는 그만큼 가중된다. 이 책임이 그의 자유와 권리를 보장해 주는 것이다. 개인의 신장과 비례하여 증가하는 이 책임이 등한시될 때 사회는 퇴보할 수밖에 없다. 기성의 모든 가치나 권위가 무너져도 더불어 사는 사회가 유지되려면, 개인이 자신의 결정과 행위 그리고 결과에 대해 자신과 타자 앞에, 또는 사회 앞에 책임을 지는 풍토가 정착되어야 한다. 그렇기 때문에 안개가 자욱이 낀 이 불투명한 시대에 책임 원리가 새로운 도덕의 원리로 부상되고 있는 것이다. 또한 어떤 다른 도덕적 질서와도 다르게 책임은 모든 이데올로기적·사상적 차이를 넘어서 지배적인 담론의 위치를 차지할 수 있다. 그것은 사회적·경제적 변화와 구속에 직면하여 문제들을 해결하기 위해 나타난 '자유의 발현'이기 때문이다.

東文選 現代新書 81

영원한 황홀

파스칼 브뤼크네르

김웅권 옮김

"당신은 행복해지기 위해 사는가?"

당신은 왜 사는가? 전통적으로 많이 들어온 유명한 답변 중 하나는 "행복해지기 위해서 산다"이다. 이때 '행복'은 우리에게 목표가 되고, 스트레스가 되며, 역설적으로 불행의 원천이 된다. 브뤼크네르는 그러한 '행복의 강박증'으로부터 당신을 치유하기 위해 이 책을 썼다. 프랑스의 전 언론이 기립박수에 가까운 찬사를 보낸 이 책은 사실상 석 달 가까이 베스트셀러 1위를 지켜내면서 프랑스를 '들었다 놓은' 철학 에세이이다.

"어떻게 지내십니까? 잘 지내시죠?"라고 묻는 인사말에도 상대에게 행복을 강제하는 이데올로기가 숨쉬고 있다. 당신은 행복을 숭배하고 있다. 그것은 서구 사회를 침윤하고 있는 집단적 마취제다. 당신은 인정해야 한다. 불행도 분명 삶의 뿌리다. 그 뿌리는 결코 뽑히지 않는다. 이것을 받아들일 때 당신은 '행복의 의무'로부터 해방될 것이고, 행복하지 않아도 부끄럽지 않게 될 것이다.

대신 저자는 자유롭고 개인적인 안락을 제안한다. '행복은 어림치고 접근해서 조용히 잡아야 하는 것'이다. 현대인들의 '저속한 허식'인 행복의 웅덩이로부터 당신 자신을 건져내라. 그때 '빛나지도 계속되지도 않는 것이 지닌 부드러움과 덧없음'이 당신을 따뜻이 안아 줄 것이다. 그곳에 영원한 만족감이 있다.

중세에서 현대까지 동서의 명현석학과 문호들을 풍부하게 인용하는 저자의 깊은 지식샘, 그리고 혀끝에 맛을 느끼게 해줄 듯 명징하게 떠오르는 탁월한 비유 문장들은 이 책을 오래오래 되읽고 싶은 욕심을 갖게 한다. 독자들께 권해 드린다.　　　　　　　　— 조선일보, 2001. 11. 3.

東文選 現代新書 24

순진함의 유혹

파스칼 브뤼크네르

김웅권 옮김

동서 냉전구조가 사라진 오늘날 거대한 소비사회의 개인이 안고 있는 문제를 개인과 개인주의 태동과정을 역사적으로 조명하며 탐구해 나간 역작. 저자는 자기 행위의 결과로부터 벗어나고자 하는 현대의 개인들이 앓고 있는 병, 즉 자신은 어떠한 불편도 감수하려 하지 않으면서 자유의 혜택만을 누리고자 하는 기도를 '순진함'이라 일컫고, 이 병은 '유년기적 행동 경향'과 '희생화 경향'이라는 두 가지 방향으로 피어난다고 설명한다.

오늘날 적어도 물질적 차원에서 보면, 모든 것을 '즉시 여기에서' 만족시켜 줄 수 있는 신용소비사회에서 적나라하게 드러나는 유아적 태도. 어떤 명분을 위해서도 자기 자신을 희생시킬 수 없는 모래알 같은 개인. 개인으로서 해방과 자유를 쟁취하고 경제적 정의를 보장받았을 때, 상승을 거부하며 저급한 오락과 소비로 눈을 돌려 버린 대중. "나는 희생자이다. 그러므로 나는 더 권리가 있으며, 내 행동에 대한 책임은 없다"라는 논리 아래 법치국가와 복지국가에서는 약자인 희생자의 편에 서야만 살아남을 수 있다는 심리구조가 확산되어, 모두가 자신을 희생당하고 박해받은 자로 내세우는 사회, 억압받는 자의 한 패러다임으로 해석되어 유태인과 비교되기도 하는 여권주의 운동. 이미 그 의미가 국제적 차원을 획득한 유고슬라비아 사태의 희생화 경향. 이데올로기 전쟁의 종말과 더불어 국가와 민족들을 모두 서로에게 잠재적인 적으로 만든 공산주의의 실패. 외설스러울 정도로 노출된 비극적 장면들과 일상의 가벼운 장면들을 한꺼번에 쏟아내어 대중으로 하여금 사건들을 순식간에 망각 속에 묻어 버리게 하고, 비극 자체에 무감각하게 만드는 대중매체…… 등등.

하나의 주제를 놓고 사유를 확장하고 심화시키는 작업이 가져온 결정물의 아름다움이 담겨 있는 《순진함의 유혹》은 독자들에게 책 읽는 즐거움을 한껏 선사하고, 새로운 시야를 열어 주고 있다.

東文選 現代新書 3

사유의 패배

알랭 핑켈크로트

주태환 옮김

문화 속에서 우리는 거북스러움을 느낀다. 왜냐하면 문화란, 사유(思惟)하면서 살아가는 일이기 때문이다. 그리고 오늘날 사유가 아무런 역할도 하지 못하는 제반행위를 흔히 문화적인 것으로 규정해 버리는 조류가 확인되고 있다. 정신의 위대한 창조에 필수적인 동작들, 이 모두가 이렇게 문화적인 것으로 잘못 여겨지고 있다. 무슨 이유로 소비와 광고, 혹은 역사 속에 뿌리박은 모든 자동성이 가져다 주는 달콤함을 탐닉하기보다는 참된 문화를 선택해야 하는 것일까?

87,88년 프랑스 최고의 베스트셀러로서 프랑스 지성계에 커다란 파문을 일으킨 본서는, 오늘날 프랑스 대중들에게 가장 영향력 있는 철학자 중의 한 사람인 핑켈크로트의 대표작이다. 그는 현재 많은 저작과 방송매체를 통해 사회문제에 관해 적극적인 발언을 펼치고 있다.

그는 오늘날의 거대한 야망이 문화를 손아귀에 움켜쥐고 있다고 결론짓고, 문화라는 거창한 이름 아래 소아병적 증상과 더불어 비관용적 분위기가 확대되어 왔으며, 이제는 기술시대가 낳은 레저산업이 인간 정신이 이루어 놓은 문화적 유산을 싸구려 유희거리로 전락시키고 있으며, 그리하여 정신이 주도하던 인간 삶은 마침내 집단의 배타적 가치에 광분하는 인간과 흐느적거리는 무골인간, 이 둘 사이의 무시무시하고도 우스꽝스런 만남에 자기 자리를 내주고 있다고 통박하고 있다.

그는 본서를 통해 정신적 의미가 구체적 역사 속에서 부상하고 함몰하는 과정을 그려내면서, 우리가 어떻게 해서 여기에까지 도달하게 되었는지를 일관된 논리로 비판하고 있다.

東文選 現代新書 100

철학적 기본 개념

라파엘 페르버

조국현 옮김

　우리는 모두 철학을 가지고 있다. 철학의 싹이 우리 속에 있기 때문에 우리는 철학을 할 수 있다. 물론 보편 정신의 철학은 발전되지 못했을 뿐만 아니라 때때로 잘못되어 있다. 이러한 사실을 놓고 볼 때 철학 외적인 입장이 아닌 철학적 입장에서 철학을 교정할 수 있다는 점이 중요하다. 우리는 철학을 밖에서 바라보기 위해 철학 밖으로 나갈 수 없다. 마찬가지로 우리 일상철학의 옳고 그름을 판단할 수 있는 척도를 제시할 특정한 관점을 얻으려고 철학 밖으로 나갈 수도 없다. 보편 정신은 오히려 스스로 이러한 척도를 세워야 하며, 자가 교정을 위한 요소들을 자신으로부터 찾아내야 한다. 여기에 딱 들어맞는 말이 있다. 언어에 대해서 말하기 위한 언어 밖의 관점이 존재하지 않는 것처럼 철학에 대해서 철학하기 위한 철학 밖의 관점이 존재하지 않는다. 철학 밖에 철학적 입장이 존재하지 않는다는 점에서 철학하기의 필연성이 도출된다. 아리스토텔레스는 다음과 같은 딜레마를 통해 철학하기의 필연성을 역설한다. 철학을 할 필요가 없다는 것을 증명하려면 철학을 해야 한다. 따라서 인간은 어떤 경우에도 철학을 해야 한다.

　이 책은 철학을 공부하는 학생과 철학에 흥미를 느끼는 일반인을 위한 작은 사고력 훈련 학교이다. 저자는 철학적 기본 개념인 '철학' '언어' '인식' '진리' '존재' 그리고 '선'의 세계로 독자를 안내한다. 저자는 철학의 내용·방법 그리고 철학적 요구의 문제에 대해서 알기 쉬우면서도 수준 높게 접근한다. 이 책은 철학 입문서이며, 동시에 새로운 관점에서 플라톤 철학과 분석 철학을 결합시키려고 시도하는 저자의 체계적인 사고 과정을 보여 준다.

東文選 現代新書 97

라캉, 주체 개념의 형성

베르트랑 오질비
김 석 옮김

 정신과 의사였던 라캉은 자주 프로이트의 독자이자 계승자로서 소개된다. 철학적 논쟁보다는 과학적 작업에 더 가까운 사유를 하면서, 그는 하나의 이론적이고 실천적인 성과 위에서 출발하였고, 정신분석학의 창시자 프로이트의 작업을 따르면서도 자신의 발견에 의거해 개념들을 변환하고 수정하면서, 그 성과를 좀더 멀리 끌고 나갔던 것으로 여겨지기도 한다.

 이 책은 라캉의 사상적 출발점과, 그의 정신분석 이론을 관통하고 있는 핵심 주제의 생성 과정을 철학적 맥락과 연결시켜 꼼꼼하게 분석하고 있다. 책의 제목이 암시하듯 주체 개념의 형성이 그것으로 우리는 저자와 함께 좀더 쉽게 청년 라캉이 자신만의 지적 문제 제기를 탐색하고 발전시켜 나가는 과정을 살펴볼 수 있다. 흔히 라캉을 프로이트의 창조적 계승자나 독특한 관점으로 정신분석학을 개조하여 다른 인문학에 활용될 수 있는 토대를 마련해 준 인물 정도로 틀을 지우기도 한다.

 본서는 라캉이 자신의 고유한 문제 제기를 출발시킨 이론적 지평과 사상사적 위치를 인격 개념을 중심으로 정신병의 구조를 분석한 그의 박사 논문에 초점을 두어 살펴보고 있다. 유명한 후기의 주체 구조 이론인 실재계 · 상징계 · 상상계나 은유와 환유 같은 언어학적 차원에서 분석된 무의식에 대한 논의는 없지만, 저자 자신이 서문에서 밝힌 대로 초기의 작품은 후기 작품의 열쇠로 난해한 라캉 이론을 일관된 맥락에서 읽을 수 있는 길잡이로서 의미가 있다 하겠다.

東文選 現代新書 64

논 증
—담화에서 사고까지

조르주 비뇨

임기대 옮김

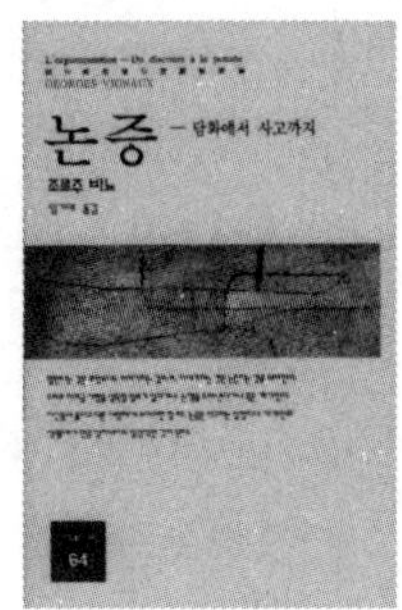

　말한다는 것은 무엇보다도 이야기하는 것이며, 이야기하는 것은 논증하는 것을 의미한다. 우리로 하여금 사람을 설득할 필요가 있다거나, 논쟁을 드러낸다거나, 혹은 개개인이 자신들이 옳다고 다른 사람에게 보여야만 할 때, 논증은 사고파는 상업이나 개개인의 생활에서 만큼 정치에서도 일상적인 것이 된다.

　일반적으로 받아들여지고 있는 생각들과 달리 논증은 개인이나 군중을 설득하려는 예술로도, 조작하려는 예술로도 말해지지 않는다. 논증은 우리 사고를 조절하고, 우리의 지식을 구축하며, 특히 그 지식을 더 잘 전달하기 위해서 우리 자신의 담화를 조직하는 거대한 예술과도 같다는 사실을 잘 보여 주고 있다.

　하지만 담화는 언어의 조작 과정과 결부되어 있고, 언어 체계에 의해서 요구되는 나름대로의 규칙을 가지고 있다. 그러한 것들을 엄격하게 정의해 보려는 데 특별한 애착을 가지고 있는 이 책은, 담화와 논증 과정의 원초적 분석을 예시하고 있다.

東文選 現代新書 109

도덕에 관한 에세이

크리스티앙 로슈 外

고수현 옮김

　전쟁, 학살, 시체더미들, 멈출 줄 모르는 인간 사냥, 이보다 더 끔찍한 것은 살인자들이 살인을 자행하면서 느끼는 불온한 쾌감, 희생자가 겪는 고통 앞에서 느끼는 황홀감이다. 인간은 처벌의 공포만 사라지면 악행에서 쾌락을 얻는다.

　공민 교육이라는 구실하에 학교에서 도덕을 가르치는 것에 대해 찬성해야 할까, 반대해야 할까?

　도덕은 가르칠 수 있는 것일까? 도덕은 무엇을 근거로 세워진 것인가? 도덕의 가치를 어떻게 정의내릴 수 있을까?

　세계화라는 강요된 대세에 눌린 우리 시대, 냉혹한 자유 경제 논리에 가정이 짓밟히는 듯한 느낌이 점점 고조되는 이때에 다시금 도덕적 데카당스를 비난하는 목소리가 높아지고 있다. 물론 여기에는 파시스트적인 질서를 바라는 의심스러운 분노도 뒤섞여 있다. 또한 다른 사람들에 대한 온화한 존경심에서 우러나온 예의 범절이라는 규범적인 이상을 꿈꾸면서 금기와 도덕 규범으로 되돌아갈 것을 요구하는 사람도 있고, 교훈적인 도덕의 이름을 내세우며 강경한 억압책에 호소하는 사람들도 있다.

　하지만 어떻게 억지로, 혹은 도덕 강의로 도덕적 위기에 의해 붕괴되어 가는 가정 속에서 잘못된 삶을 사는 청소년들을 '일으켜 세울' 수 있다고 생각할 수 있는가? 도덕이라는 현대적 변명은 그 되풀이되는 시도 및 협정과 더불어, 단순히 담론적인 덕을 통해 사회 문제를 해결하지 못하는 모종의 무능력함을 몰아내고자 하는 것은 아닐까?